目录

第1章　深层技术使世界发生改变　　001

第2章　能源　　009
SDGs现代能源挑战/燃料发电的变型/碳中和/电池改革

第3章　医疗保健　　055
医疗创新/疾病预防与早期发现

第4章　IT　　117
量子技术的利用/AI的普及使用/数字孪生的虚拟化/低能耗的高速化

第5章　工作与生活　　163
商业科技化/思维透视及情感推测/创造智能环境

第6章　物料与食物　　　　　　　　　　　　203
物料改革/生物打印/人工食材/工程材料的变革

第7章　安全保护　　　　　　　　　　　　　235
去中心化身份验证/网络安全保护/提高IT服务可靠性

第8章　交通运输　　　　　　　　　　　　　265
无人驾驶与无人机/宇宙的探索

第 1 章

深层技术
使世界发生改变

如何在众多科学技术中找到最有潜力的技术？诚然我们很难对科学技术方向进行评估，要预测哪些技术将在未来蓬勃发展更是难上加难。

本书从创造技术的一方（生产者）和使用技术的一方（消费者）的角度出发，旨在探讨哪些技术是值得我们期待的。

从生产者角度出发，本书就"2022年至2030年有望得到大力发展的科学技术"这一主题，总共采访了日经BP的包括媒体（网络和杂志）主编和其公司内部智囊团综合研究所所长在内的50名相关人员，并从整理出来的回答中筛选了热门的100项科学技术，即本书中所解说的"100项技术"。

本书评估了截至2021年9月这100项技术中每一项的"技术成熟度"，以显示其当前状况。

如果某一项技术已经在使用或即将投入使用，则其"技术成熟度"为"高"；如果它正处于实验或模拟阶段，或有原型产品或服务，则评为"中"；如果它仍处于概念或基础研究阶段，又或处于

PoC（Proof of Concept，即概念验证）阶段，则评为"低"。

接下来，在消费者方面，我们进行了一次网络问卷调查，向受访的商业人士展示了上述100项技术，并要求选出他们认为有潜力在2030年得到大力发展的技术，最终得到了1 215份有效问卷。

表1-1列出了期望值最高的10项技术。例如，44.3%的受访者回答说他们对"氢气大规模储存和运输"这项技术抱有很高的期望。其中44.3这一数字则被作为这一技术"2030年期望值"的表示值。

所有的100项技术都有其对应的被期望数值。但数值低并不意味着该技术没有发展前景，因为该问题是仅针对2030年前被期望为前提下提出的。例如，商业人士对"mRNA疫苗"的2030年期望值仅为14.5，但在今年（2021年）和2022年，它的期望值自然要高很多。

表1-1　2030年前有潜力得到发展的技术

排名	技术名	简介	2030年期望值	技术成熟度
1	氢气大规模储存和运输	氢气在生产地与甲苯发生化学反应后以液态方式用集装箱船储存运输至目的地，再复原至气态	44.3	高
2	绿色氢气	利用可再生能源（例如太阳能或风能）产生的氢气	42.0	中
3	e-Fuel（合成燃料）	将用过剩电力生产的氢气与浓缩回收的二氧化碳进行合成	40.3	中
4	CCS/CCUS（碳回收）	将排出的二氧化碳捕集，并注入地下储层或进行再利用	38.5	高
5	量子计算云平台	将量子计算融入云服务并进行利用	36.0	中

续表

排名	技术名	简介	2030年期望值	技术成熟度
6	AI医疗	通过机器学习从心电图和内窥镜等图像中自动检测病灶	35.2	高
7	量子互联网	保持量子状态（既可以是0又可以是1）设备之间通信的基础	33.9	低
8	氢气发动机	用氢气代替石油作为燃料的发动机	33.8	中
9	日本制手术辅助机器人	日本制手术辅助机器人HINOTORI取得生产销售许可	30.7	高
10	人工光合成	利用太阳光、水和二氧化碳制造氢气和碳氢化合物（石油替代燃料）	29.3	中

资料来源：日经BP综合研究所。

影响期望值的因素还包括人们对这项技术的认知。如果受访者并不了解这项技术，那么期望也就无从谈起。因此，对于媒体经常报道的技术，人们的期望值往往会更高。

根据以上结果来展望2030年的技术发展趋势，可以看出能源、医疗保健和信息技术（IT）是重点领域。在主编和所长所提及的技术中频繁涉及的这三个领域，将在本书的第2章至第4章中进行介绍。从表中也可得知，人们对这些领域的技术抱有很高的期待。

一直以来，由于能否达成碳中和深受大众关注，所以与汽车行业联系紧密的氢能源技术也被寄予了厚望。除了健康之外，生活质量（Quality of Life，QoL）的保障也是必要的，因此医疗、护理等方面的技术也得到了发展。

信息技术将在能源、医疗保健和其他领域发挥重要作用。虽然量子计算还不是一项成熟的技术，但人们对它的期望值很高。与其他领域相比,新技术更有可能出现在IT领域,人们也期待着看到新技术的诞生。日经BP综合研究所每年都会对技术期望值进行调查,发现越来越多的人期待IT领域新技术的到来。

然而,即使在消费者和生产者意见一致的情况下,也不能保证该技术一定能成功普及。这既是技术令人费解之处,也是其魅力所在。使用成熟的技术来创造市场所需要的产品或服务,却没被市场接纳,像这样失败的例子有很多。有时技术尚未成熟,但对这种产品或服务的需求突然激增,使这项技术火爆市场的情况也时有发生。

技术传播乃至改变世界的机制比人们想象的还要复杂。如图1-1所示,社会在变化,技术也随之变化。反过来,技术在变化,社会也同样在变化。

让我们来看看人们在社会中的行为方式。人们拿着智能手机进行购物、娱乐活动和收集信息。互联网已经改变了人们的生活方式。至于新型冠状病毒肺炎的流行给人们带来的影响就更不用说了。

技术在不断更新,新技术的开发是为了解决社会问题,如解决环境污染问题和减少碳排放等。

社会和技术在不断变化,但商业却不容易发生改变。商业包括公司的管理、各种工作和服务,甚至包括了国家和地方政府的管理。他们都在组织下工作,为社会提供各种价值。

商业缺乏变革的主要原因是受到组织的习惯和规则、条例和立法的约束。即使想要做出改变,也很快就会碰壁。但相反地,我们能看到互联网仅仅在一瞬间就改变了个人的购买方式。同样,流行病和环境问题,则不管人类是否欢迎,都会无视社会规则向我们袭来。

第 1 章 深层技术使世界发生改变

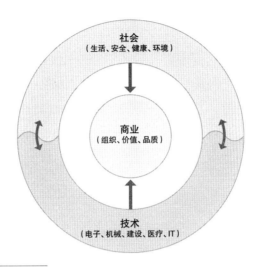

图 1-1　改变世界的机制

随着社会和技术的改变,虽然商业的改变很缓慢,但终究还是不可避免的。

不论是公司的管理者抑或是雇员,还是地方政府、行政机关的管理和工作人员,都对相应领域的变革负有责任。重要的是,不能把视野局限在自己所处的环境中,而是要放眼于整个社会及技术领域。要重视多样性、开放性和互相协作。

技术无处不在,且不断进化,以至于越来越难以理解。但经过本书总结,读者可以对一些有望在未来大力发展的技术有个总体印象。即使这项技术看起来与你所处的领域毫无关联,即使公众的期望值很低也没关系,只要读者对这项技术感兴趣即可。或许哪一天,该技术可能会对社会产生影响,进而对你所处的领域也产生影响。

谷岛宣之

第 2 章

能　源

能源——以各种方式减少二氧化碳排放

我们对商界人士进行了一项问卷调查，要求他们在本书所列举的100项技术中，选出有望在2030年前得到大力发展的技术。调查结果显示，受访者对能源领域技术的期望值普遍偏高（详见第1章）。这可能是因为人们对能源具有很强的危机感。

迄今为止，世界经济的发展在很大程度上依赖于廉价又便于利用的化石燃料。但随着碳中和概念的出现，如今的社会已不能随意挥霍能源，肆意排放二氧化碳了。

但改善能源利用的困难在于，现有的化石燃料发电站和汽车系统是如此庞大和高效，无论新能源技术有多么优越，它们都无法迅速取代现有的基础设施。

氢能源作为能源领域的下一步发展方向，被人们寄予厚望，希望能开发出在现有的涡轮机和汽车发动机中使用氢能源的技术。

当然，可再生能源等新能源技术依旧面临着许多挑战。生物燃料、振动和海流的利用、小型核反应堆等各种研究，依旧在如火如荼地进行中，未来是谁的天下，现在还不能妄下定论。此外，结合多种能源，并利用 IT 来整合电力的构想也并非异想天开。

SDGs——现代能源所面临的挑战

"确保人人获得可负担、可依靠和可持续的现代能源。"这是 17 个可持续发展目标（SDGs）之一。同样，"采取紧急行动应对气候变化及其影响"也是发展目标之一。

能源是重要的社会基础，我们需要"建设有风险抵御能力的基础设施、促进包容的可持续工业，并推动创新"。

资料来源：联合国新闻中心提供

我们需要举起碳中和的大旗，设定目标并"采取紧急行动"，但"有风险抵御能力的基础设施"和"工业化"，不能仅靠个别措施来实现。我们不能把赌注全压在某项技术或措施上，而是需要将我们的能源作为一整个大型系统进行现代化改造。要做到这一点，我们需要着眼于发展多样化的技术。

燃料·发电 001[①]——e-Fuel（合成燃料）

> 将用过剩电力生产的氢气与浓缩回收的二氧化碳进行合成
> 技术成熟度　中
> 2030 年期望值　40.3

e-Fuel 是将水电解生成的氢气和二氧化碳通过催化反应进而合成液体燃料，从而使其发挥汽油的功能，驱动发动机工作。

e-Fuel 利用可再生能源制得，使二氧化碳的排放量和吸收量相同，其目标是实现碳中和。

值得注意的是，该能源可以应用于已经上市运行的内燃机汽车。

石油公司将负责 e-Fuel 的实际生产，同时，各汽车制造商也参与了相关研究。

为了早日实现碳中和目标，e-Fuel 因其可以进行工业化生产，并且具有能够在较短时间内进行大规模生产的优点，而在其他液体燃料中脱颖而出。但用玉米或藻类制成的生物燃料，因其需要使用太阳能，将耗费更长的生产时间，所以位列其后。

日本丰田、日产和本田等汽车制造商，都在积极研发由二氧化碳和氢气制成的合成液体燃料，以寻求高效的合成方法、恰当的利用方式和有效的商业模式。

[①] 001：每种技术的编号，全书共 100 种技术。——编者注

e-Fuel可以与汽油或柴油混合使用。它减少了包括混合动力汽车在内的由发动机驱动的车辆在行驶过程中的二氧化碳排放量，使其更接近碳中和，并为迎接2030年日本更严格的环境法规做好准备。

图2-1　奥迪于2017年建立了e-Fuel研究设施

提供：奥迪

其目标是使得包括能源生产阶段在内，混合动力汽车的二氧化碳排放量能够低于电动汽车。如果能够实现这一点，混合动力汽车的动力系统（将产生的旋转能量有效转换到驱动轮的设备）将成为2030年的主要焦点。

动力系统的开发需要巨大的投资，为了尽快明确研发方向，上述三家公司迅速开展研究，挖掘e-Fuel的潜力。

若是为了迎合2030年的法规，现在才开始进行研发恐怕只能勉强赶上。而据说要进行大规模生产，还需要再耗费10年的时间。

或许这也是为了防止欧洲霸占所有e-Fuel相关专利而采取的行

动。e-Fuel 概念与日本的能源战略非常契合，该战略主张建立氢能社会。通过将难以以气态形式运输的氢气转化为液态形式，可以提高氢能源的便携性。

德国奥迪一直是 e-Fuel 研发的先驱。2017 年，奥迪在德国建立了相关研究设施，其认为，到 2030 年仅靠电动汽车来满足欧洲日益严格的环境法规是有风险的，而电动汽车很可能在成本和续航方面面临新的挑战。

欧洲将在 2030 年实施极为严格的二氧化碳排放标准，与 2021 年相比，排放量将减少 37.5%。此外，关于从 2025 年起以从油井到车轮（well to wheel）阶段排放的二氧化碳为基础来规范排放量的内容也正在推进中。如果加上发电阶段产生的二氧化碳排放量，与混合动力汽车相比，电动汽车将没有明显的优势，当然这也取决于当地的电力组合。因此，这也是 e-Fuel 备受关注的原因。它可以减少混合动力等其他依靠发动机驱动的车辆的二氧化碳排放量。

技术领先的汽车与发动机零部件制造商德国马勒公司表示："e-Fuel 的引入将是（实现 2030 年规定的）决定性一步。"该公司已经确认 e-Fuel 与其现有的发动机具有良好的兼容性，并认为 e-Fuel 可与汽油燃料混合高达 20%。

然而，虽然汽车制造商正在研究 e-Fuel，但它们不太可能参与其生产和销售过程。汽车制造商的研究仅为燃料公司提供技术支持。

欧洲石油工业协会（Fuels Europe）于 2020 年 6 月 15 日宣布，它将致力于开发一种碳中性液体燃料。欧洲汽车制造商将支持该项目的研发，而石油公司将负责实际生产。

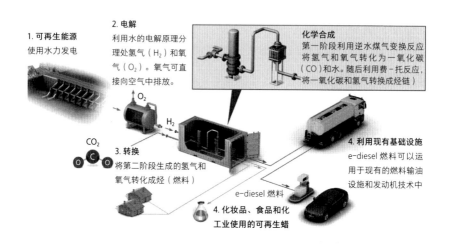

图 2-2　e-Fuel 生产方式

提供：以奥迪的资料为基础，由日经 xTECH 制成

e-Fuel 所面临的主要问题是成本。估计每升 e-Fuel 的成本约为 500 日元[①]。若不计算消费税的话，日本汽油燃料价格仅为 50~60 日元，e-Fuel 比汽油贵了近十倍。照这种情况，e-Fuel 的普及将遥遥无期。

导致 e-Fuel 价格高的原因是费托合成（Fischer-Tropsch process，简称 F-T 合成）反应合成碳氢链所需的高温和高压力。这就是为什么世界各地都在进行研究以改进 F-T 合成。例如，日本丰田公司正试图通过改进催化剂铁和钴，以求降低 F-T 合成反应时所需温度和压力的同时，能够提高产量。

清水直茂

---

① 1 日元 ≈ 0.05 元人民币（汇率时间：2022-11）。

第 2 章 能 源

燃料·发电 002——来自藻类的碳氢化合物燃料

> 用藻类和植物油生产燃料以替代轻油
> 技术成熟度　中
> 2030 年期望值　23.8

用海藻和植物油生产汽油或轻油的替代燃料的研究已经进行了一段时间，但由于如今对碳中和的需求越来越大，它又重新成为了焦点。

其所面临的挑战在于控制生产成本。有相关研究正探索将其与化学制造（生物炼制）设施相结合，以挖掘更深的商业潜力。

生物风险投资集团 Chitose Group 从 2021 年 4 月起与来自 9 个行业的 20 个公司开展合作，启动名为"MATSURI"的藻类研究项目。

来自各行各业的公司和团队都参与了这个项目，从生产到销售的各个阶段都进行了合作，包括开发培养海藻的设备，发展物流网络，以及开发和销售最终产品等。据设想，这些海藻将被用作卡车、船舶和喷气式飞机的燃料。

根据该计划，Chitose Group 将发挥核心作用，在 2025 年前建成世界上最大的海藻栽培设施，预计占地 2 000 公顷，其生产成本将低于每公斤 300 日元，每年可提供 14 万吨干燥海藻作为各种产品的原材料。

在健康食品和化妆品领域，常常可以见到添加了海藻成分的产品。但燃料和塑料等产品的单价本来就便宜，因此以海藻为原料进行生产的话成本会很高，难以实现商业化。

图 2-3　由 Chitose Group 设计和监督的海藻培养设施，占地 1 000 平方米，位于砂拉越生物多样性中心（SBC）内

资料来源：Chitose Group

该项目参与方包括引能仕（ENEOS）、三井化学、日本精化、富洋海运、花王、日本特殊陶业、本田、三菱化学、兴和（KOWA）、DIC、富士化学工业、日立机械服务、池田糖化工业、武藏涂料控股、砂拉越生物多样性中心、日本新潟县长冈市、日本佐贺县佐贺市和日本山梨县北杜市等。该项目将以 100 个组织为目标，继续招募合作伙伴。

构成藻类的成分有蛋白质、脂肪和碳水化合物等，该项目所建立的藻类产业将在多方领域利用这些成分，并在确保盈利的同时，定量定性地公开产品中藻类成分的含量以及生产方法。

藻类产品并无类似有机 JAS 认证之类的标准和规定。并且，有些产品会伪装成环保产品，特别是在欧美等国家，这个问题更受重视，因此该项目十分重视产品信息的透明性。

Chitose Group 与三菱商事及 SBC 联合设计和建造了 1 000 平方米的海藻培养设施，该设施位于马来西亚砂拉越州境内。该项目是日本新能源和工业技术发展组织（NEDO）的公募项目，Chitose Group 将在马来西亚建设一个 5 公顷规模的海藻培养设施，并进行长期大规模实验培养。

同时，广岛汽车产学官合作推进会议（广岛汽合）与悠绿那（Euglena）公司、全家（FamilyMart）、植田油脂和吉川油脂于 2020 年 8 月宣布，已在日本广岛地区构筑了下一代生物柴油燃料的原料从制造、供给到利用的价值链。

该项目从位于日本广岛的全家曙四丁目分店回收使用过的食用油，交由植田油脂处理成再生油，并由吉川油脂进行再加工处理，最终提供给悠绿那公司，作为生产生物柴油燃料的部分原料。

每年的回收数量约为 2 000 升。该生物柴油燃料也将用于全家公司的一辆汽车。

生物柴油燃料将由悠绿那公司位于日本横滨市的工厂生产。该工厂预计每年可生产 125 000 升生物柴油燃料。每年供应给日本广岛市的燃料将是 10% 的生物柴油和 90% 的石油基燃料所构成的混合燃料，数量可支持一辆汽车行驶 20 000 千米。

上述举措是广岛汽联和悠绿那公司于 2018 年 6 月发起的"广岛'Your Green Full'项目"的一部分。广岛汽联的成员马自达公司已经证实，悠绿那公司所生产的生物柴油燃料具有与石油基燃料相同的性能,曾在 2019 年 6 月被用于 G20 日本政府车队。

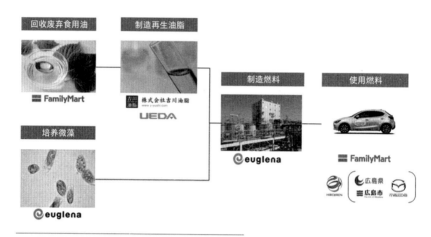

图 2-4　各公司在生物柴油燃料价值链中的作用

资料来源:四家公司联合发布

在 2020 年,日本广岛县、广岛市和马自达公司的四辆公务车和公司车辆使用了生物柴油燃料。上述车辆车身上装饰着微藻类植物的图像,微藻类植物是生物柴油燃料的原材料。

金子宪治

燃料·发电 003——绿色氢气

利用可再生能源(例如太阳能或风能)产生氢气

技术成熟度　中

2030 年期望值　42.0

第 2 章 能　源

利用太阳能或风能等可再生能源生产氢气的技术，越来越被社会所重视。在日本，由于该能源来自可再生能源，能够抑制二氧化碳的排放，因而被称为绿色氢气。在欧洲等地，从可再生能源中生产的氢气被称为"绿色氢（Green Hydrogen）"，而从非可再生能源中生产的氢气被称为"蓝色氢（Blue Hydrogen）"，两者具有明确的区别。

同时，用氢气生产氨的研究也在进行中。氨气比氢气更容易液化，也更容易处理。

另外，在现有火力发电站中利用氢气和氨气的技术也在研究中。

日本北九州电力（北九州市）和日本北九州市于 2020 年 11 月起，与日本福冈县、IHI、福冈氧气公司和引能仕合作启动了一个示范项目，该项目将利用当地可再生能源生产和供应氢气，计划于 2021 年 10 月前后开始生产氢气，且每月生产大约 300 标准立方米[①] 的氢气。

该项目将使用包括日本响滩地区收集的太阳能和风能，以及日本北九州市垃圾（生物质）发电站的能源在内的可再生能源电力，通过电解水的方式生产氢气。

所生产的氢气将被送往现有的设施地，如日本北九州市东田地区的"氢气城"，以及日本福冈市和日本久留米市的氢气站，在那里发挥它的各种价值。日本北九州市的"氢气城"作为利用氢气的"样板城"，示范住宅内铺设有 1.2 千米的氢气管道，搭载氢气站并配备燃料电池。

---

① 标准立方米，0 摄氏度 1 个标准大气压下的气体体积，符号为 Nm^3。——译者注

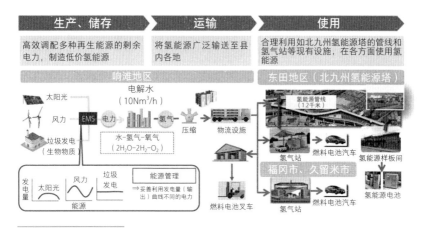

图 2-5 示范项目概要

资料来源：日本北九州电力、日本北九州市

为了高效生产氢气，该项目开发和引进了利用水电解的能源管理系统（EMS），该系统可以同时控制多种可再生能源的发电量和发电高峰。

水电解装置的产氢能力将达到每小时 10 标准立方米。在整个供应链的实际运作过程中，将验证合适的水电解器等设备的规模和运作方式，以及廉价电力的采购方式，以建立一个能够低成本生产和供应氢气的系统。

在日本九州地区，太阳能和风能等可变可再生能源越来越普及。为了维持电力的供需平衡，北九州电力公司多次向可再生能源公司发出输出控制指示。为了有效地利用输出控制时产生的过剩可再生能源，有必要确定氢气生产技术，以及解决扩大设施和设备规模的问题。

作为代表公司的北九州电力公司,将负责项目的整体管理、商业发展模式的研究和电力供应。IHI 是该项目的共同实施者,将负责设计、开发和运行使用水电解的 EMS。IHI 将使用相马 IHI 绿色能源中心的 EMS,该中心于 2018 年在日本福岛县相马市开设,其 EMS 延续了以往的技术,使用太阳能和水电解设备,可以保障能源的本地生产和本地消费。

福冈氧气公司将负责氢气的输送和日本留米市氢气站的利用,引能仕公司将提供氢气管道,以及对日本北九州市氢气站的利用,北九州市和福冈县将与相关组织协调并提供示范区域。

作为合作企业,日本东丽将提供示范场地,并供应可再生电力,岩谷产业将提供示范区域和氢气管道。

IHI 在上述所提到的日本福岛县相马市相马 IHI 绿色能源中心(SIGC),开设了专门的氢气研究楼——相马实验室,预计将于 2020 年 9 月开始运行,研究来自可再生能源的绿色氢气的利用问题。

相马实验室利用邻近的大型太阳能发电厂的剩余电力所产生的氢气,研究如何利用氢气合成 CH_4、烯烃、氨气等,这些研究都有利于未来的氢能社会。

在与相马市的合作下,SIGC 于 2018 年正式成立。该中心内配备了太阳能发电系统,占地 54 000 平方米,输出功率 1.6 兆瓦。产生的电力被送往相马市的污水处理厂等地,而多余的电力则用于水电解制氢系统高效生产和储存氢气的示范项目中。

图 2-6　40 兆瓦级涡轮机（以天然气为燃料的 H-25 型燃气轮机为例）

资料来源：三菱电力

同时，将氨气作为独立燃料用于火力发电的燃气轮机系统的开发也正在进行中。2021 年 3 月，三菱电力公司开始开发 40 兆瓦级、100% 的氨气燃烧系统，希望从 2025 年开始能够实现商业化。

山根小雪　工藤宗介

燃料·发电 004——将旧衣服转化为生物燃料

利用碱处理旧衣服，利用棒杆菌发酵成燃料
技术成熟度　中
2030 年期望值　13.4

用不可食用的植物，如植物的茎或杂草等制作喷气式飞机燃料的技

第 2 章 能 源

术已现存于世。利用生物技术将不可食用的植物转化为可用于燃料的化学品。

从前，喷气机是使用化石燃料来驱动的，这个过程会排放出大量的二氧化碳。为了解决这个问题，曾推出使用大豆和椰子油等食物原料制成的生物喷气燃料的方法，但随着世界人口的增长和对粮食短缺的担忧，将食物原料转化为燃料的做法饱受争议。

2021 年 2 月，日本航空公司（JAL）出了羽田和福冈之间的定期航班 JL319，携带由大约 25 万件旧衣服制成的生物喷气燃料。根据信信，这是世界上首次出现用旧衣服制成生物喷气燃料。

日本航空、生物创业公司 GEI、日本环境设计、日本地球环境产业技术研究机构（RITE）等 10 家公司和团体合作研发了该燃料。

图 2-7　使用旧衣服制成的生物喷气燃料的 JL319 号航班

资料来源：Green Earth Institute

将旧衣服制成燃料的过程如下。

首先，将从消费者那儿收集的旧衣服中的棉花用碱进行处理，再用酶进行糖化。生产氨基酸等物时需要使用到的棒杆菌,在这里将发挥作用。利用棒杆菌发酵可以将其转化为化学制品异丁醇,再通过浓缩提高其纯度,调整其沸点直至符合规格等一系列操作将其制成燃料。在实际使用时,将它与现有的石蜡燃料进行混合。

GEI 和 RITE 的核心技术在于其在制造化学品的过程中使用了棒杆菌。这些细菌本身平平无奇,是基因重组技术起到了关键作用。它使得各类棒杆菌各司其职,既有生产异丁醇的,又有生产氨基酸的,还有生产乳酸的。

一般的做法是使好氧性的棒杆菌转化为好氧厌氧混合体,使得细菌本身用于生长的能量被用于化学生产,从而有效地生产异丁醇。

此外,还有其他原料被纳入考虑范围,用以制作生物燃料。虽然旧衣服以及甘蔗渣等不可食用的植物纤维含量高,难以转化为化学制品,但优点在于它们并不是食物。玉米粒作为可食用原料,富含淀粉,因此更容易转化为化学制品,但其本身的食物功能更为重要。

国际民用航空组织(ICAO)称,使用甘蔗渣生产燃料对环境带来的负担不到玉米的一半。

GEI 认为,因为可以使用大量的植物来发酵,所以燃料的大规模生产并不难。同时,也有不同的声音,虽然有培育藻类制作燃料的技术,但很难保证其生产量。

国际航空运输协会(IATA)设定了一个目标,即到 2050 年将航空业的二氧化碳排放量减半(与 2005 年相比)。如今,荷兰皇家航空公司和美国联合航空公司已经在使用生物燃料了,而挪威的奥斯陆机场也已经开始供应生物燃料。

国际民用航空组织的数据显示,根据原材料的类型和生产过程的不同,生物燃料的二氧化碳排放量较化石燃料将减少从 26% 到 94% 不等。因此需要选择减排率较高的生产方式。研究发现,虽然非食用原料确实可用于生产生物燃料,但还需要开发市场,并降低原料采购成本。该研究的目标是在未来利用如甘蔗渣这类成本较低的原料实现生物燃料的商业化。据说,相较于现有的燃料,生物燃料的价格按实际价值计算要高出 10 倍以上。

图 2-8　用于将旧衣物转化为燃料材料异丁醇的发酵器

资料来源:Green Earth Institute

GEI 成立于 2011 年,由 RITE、东京大学 Edge Capital 等风投机构投资,以便充分利用 RITE 的技术。GEI 除了有 30 多岁和 40 多岁正值壮年的成员外,还有曾任职于日本王子制纸和日本出光兴产等大公司的约 60 岁的资深成员。

西冈杏

燃料・发电 005——能量收集（Energy Harvesting）

> 收集各类微小能源，如振动等，来生产电力
> 技术成熟度　中
> 2030 年期望值　12.2

从所处环境中收集各类微小能源的方法被称为能量收集（Energy Harvesting）。

振动发电装置和室内太阳能电池等设备可以将熟悉的振动能量转换成电能。电机、桥墩等建筑物的振动，或手臂的运动所产生的能量都可以被其研究。

其中，振动发电的研究取得了明显进步，大大提高了其输出功率。

最新的振动发电装置可以利用压缩机等电机产生的振动，在每平方厘米的面积上产生几十到 200 微瓦的能量，与 10 年前只能生产 10 微瓦相比，要高数倍乃至 20 倍。

振动发电元件的开发使用了 MEMs（Micro-Elecfro-Mechanical-Systems）工艺。这是一种半导体制造工艺，被应用于制造具有机械驱动部件的微型元件。

从振动的能量中提取最大电功率在理论上是可行的，而 MEMs 工艺的精细程度又能使其性能再上一个台阶。

新开发的 MEMs 振动发电元件尺寸为 2 厘米 ×3 厘米，在 0.65g 的加速度和 150 赫兹的频率下，输出功率约为 1.2 毫瓦，在同尺寸

的元件中是首个超过 1 毫瓦功率的元件。达到这种输出功率水平意味着有更多应用的可能。例如,可以考虑将其应用于无线通信领域,进行一分钟左右的间歇性通信。

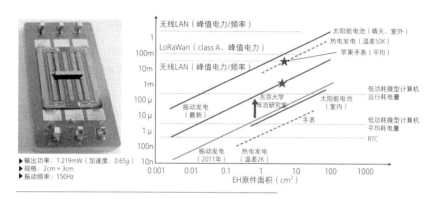

图 2-9　振动发电元件的功率较 10 年前提高了 20 倍
东京大学年吉实验室开发的 MEMS 振动发电元件(左)
及其在能量收集(EH)技术中的地位(右)

资料来源:年吉实验室及日经 xTECH

MEMs 振动发电元件是由日本东京大学生产技术研究所微纳米跨学科研究中心的年吉洋教授的实验室、静冈大学工程学院机械工程系桥口原教授的实验室、鹭宫制作所和东京都市大学共同研发的。

野泽哲生

燃料・发电 006——海流发电

开始启动在海流中运行 500 千瓦大型发电机的实验

> 技术成熟度　中
> 2030 年期望值　13.4

全世界对利用海流发电的技术都抱有很高的期望，因为海流是一种可再生能源，可以作为电力供应的基础。

对于四面环海的日本来说，它拥有适合用于发电的快速潮流能源，潮流发电的潜力尤为可观。可以期待日本能够建立和研发出适合该国水域，并对周围环境友好的海流发电系统和技术。

太阳能发电是日本可再生能源发电的主要方式之一，但一直存在着选址问题。

新能源产业技术综合开发机构（NEDO）和IHI公司于2019年8月开始，在实际海域运行100千瓦海流发电验证机"KAIRYU"，计划进行长期实证实验。

此外，2021年1月，日本Kyuden Mirai Energy等公司在日本长崎县五岛市的奈留濑户岛安装了输出功率为500千瓦的海流发电设施，并开始发电。这是日本第一次使用这种大型发电机进行发电，这将实际测试其输出功率特点、耐久性和发电量。之前的实证实验只限于输出功率为几十千瓦的小型发电机。

这一举措是日本环境省促进潮汐发电技术实际应用项目的一部分，由Kyuden Mirai Energy公司和非营利组织长崎海洋产业集群形成促进会组成的联合会受委托进行。

500千瓦级发电设施安装于日本奈留岛与久贺岛中间的奈留濑

户，这里被日本政府选为海洋可再生能源示范海域。一般来说，海流发电需要每秒至少一米的流速，但奈留濑户海域的最大流速可以达到每秒三米。

图 2-10　海流发电设施（以 SIMEC ATLANTIS ENERGY 的 AR¹500 机型为基础设计）

资料来源：Kyuden Mirai Energy

使用的发电设备来自 Simec Atlantis Energy[①]。世界上第一个大型商业潮汐发电项目 MeyGen 就是由该公司作为发电商，使用本公司的发电设备进行开发和运营的。该项目还与 Simec Atlantis Energy 集团签署了一项协议，约定了在未来继续进行合作，共同实现日本海底型海流发电的商业化。

Kyuden Mirai Energy 公司安装的发电设备的规格包括：输出功率 500 千瓦，高度约 23 米，叶片（blade）长度约 8 米，重量约 1 000 吨，旋转速度为每分钟 7~12 转。它被安装在水深大约 40 米的地方。

---

① Simec 亚特兰蒂斯能源公司是一个再生能源公司。

图2-11 安装于奈奈留濑户海底的外形图

资料来源：Kyuden Mirai Energy

其发电系统是在现有的系统上进行了一些修改。由于预算限制，该系统被更改为只在退潮时发电，并且取消了根据潮水变化改变叶片角度和方向的功能。此外，该系统是通过租赁得以进行使用的。

由于这是日本第一个大规模海流发电装置——一个史无前例的项目——在安全等方面尚未有明确的标准。因此，在征求相关部门的意见后，最终将该系统视为"类似海上风力发电设备的电气设备"，按照日本海事协会的认证进行安装。

完成安装后，该设备开始投入运行，利用退潮进行发电。该公司称，通过参考发电数据，并对设备进行调整，已证明其可以在国内水域进行一定的发电工作。

海水基本每6个小时退潮一次，所以很容易预测其规律。由于海流发电的发电量相对容易预测，再配合上储存剩余电力的设备，该系统有望大幅减少电力系统中的火力发电设备。

第 2 章 能　源

图 2-12　海流发电装置

然而,日本海流发电的普及还需要诸如上网电价补贴(FIT)等政策的协助。此外,由于该设备是依靠其自身的重量锚定在海床上,海床最好是岩石构造而不是沙子。还需要了解附近的渔船和渡轮的航线,慎重选址避免受到航线影响,并设计恰当的安装方法。

加藤伸一

燃料·发电 007——小型模块化反应堆(下一代反应堆)

> 在工厂生产主要部件,运输到指定的发电地点
> 技术成熟度　中
> **2030 年期望值　19.3**

在实现碳中和的路上，核能发电是不可或缺的力量。核能发电的二氧化碳排放量远不及火力发电，并且可以提供稳定发电。而太阳能和风能的发电量较低，且受天气限制。

然而，在2011年日本福岛第一核电站事故之后，各国不敢轻易增加大型轻水反应堆的数量。因此，新的反应堆类型，如小型模块化反应堆（SMR）、高温气体反应堆（HTGR）和聚变反应堆受到了瞩目。其中，SMR的研究走在最前列。

SMR将模块化概念纳入小型反应堆。与主流的轻水反应堆相比，SMR的热输出量较小。前者为每单位1 000兆瓦，后者则每单位不到300兆瓦。

由于其体积小，主要部件可以在工厂制造，然后运输到目标发电厂。预计这将缩短施工期，并减少初始投资，并且可以根据电力需求，通过改变反应器的数量而灵活地改变输出功率。由于其输出功率小，即使失去冷却功能，也可以通过自然冷却来冷却反应堆核心。总部位于美国的NuScale Power公司正在开发小型压水反应堆（Pressurized Water Reactor，PWR），并计划于2027年在美国爱达荷国家实验室建造一座发电厂。

每台机组的热输出功率为250兆瓦，电输出功率为77兆瓦。根据应用情况，最多可以将12台机组组合，并且与传统的PWR一样，使用轻水作为机组冷却剂。

加拿大的Terrestrial Energy公司在SMR方面，正在开发一体化熔盐反应堆（Molten Salt Reactor，MSR）。日本的三菱重工已于2020年12月完成了SMR的概念设计。

第 2 章 能　源

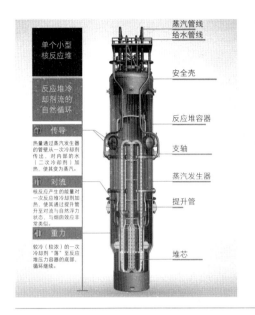

图 2-13　小型模块化反应堆（例）(NuScale Power Module) 高约 23 米，直径约 4.6 米。构成压水反应堆（PWR）的压力容器、蒸汽发生器和增压器都包含在一个模块中。

资料来源：美国 NuScale Power

齐藤壮司

碳中和 008——CCS/CCUS（碳回收）

> 将排出的二氧化碳捕集，并注入地下储层或进行再利用
>
> 技术成熟度　高
>
> 2030 年期望值　38.5

碳捕集与封存（CCS）是指从发电和生产化石燃料过程所产生的排

035

放气体中分离和捕获二氧化碳，并将其储存在地下深处的一种技术。

碳捕集与利用（CCU）是指将捕获的二氧化碳进行工业利用。CCS与CCU被统称为CCUS（碳捕集、利用与封存，Carbon Capture, Utilization and Storage）。

为了实现基本零排放，需要用技术来捕获不能被森林完全吸收的二氧化碳，并防止其再次被释放到大气中。然而，CCUS的有效性存有争议，必须冷静地评估其成本效益和引入时机。

虽然目前日本尚未实现CCS，但在全世界范围内已经有大约30个商业级规模的CCS设施处于运行中，每年可捕获4 000万吨二氧化碳。正在建设或处于开发阶段的CCS设施有60~70个。

由三菱重工工程有限公司建造的世界上最大规模的CCS工厂位于美国得克萨斯州，于2016年由佩特拉·诺瓦（Petra Nova）项目投产，年捕获二氧化碳能力为160万吨。JX石油开发（JX Nippon Oil & Gas Exploration）拥有其50%的股份。

图2-14　Petra Nova的世界最大规模的CCS工厂，位于美国得克萨斯州

资料来源：三菱重工工程有限公司（MHIENG）

第 2 章 能 源

周边燃煤发电站所排放的烟气,被送入形似烟囱的吸收塔中。在塔内,吸收剂胺像雨水一样落下。胺具有与二氧化碳结合的特性,可以吸收烟气中 90% 以上的二氧化碳。当吸收剂被蒸汽加热时,二氧化碳就会被释放出来。通过这样的方式,可以回收纯度高达 99.9% 的二氧化碳,并进行压缩注入老化油田[①]。

图 2-15　位于北海道苫小牧市的 CCS 验证试验设施

资料来源:日本 CCS 调查

由于 CCS 一般是将二氧化碳注入油气田中,所以在日本并没有类似的商业级规模设施,但日本近海海底拥有适合储存二氧化碳的地质构造。封存二氧化碳的条件即便被限制到要距离断层线至少 5 千米,也能够储存 1 200 亿吨二氧化碳,相当于日本 100 年的排放量。

2016~2019 年,日本北海道苫小牧市的验证试验设施捕获了邻近炼油厂所排放的 30 万吨二氧化碳,将其封存在海床下 1 000 米或

---

① 二氧化碳注入油层中可以提高油田采收率。

更深的地层中，目前尚处于监测状态。

CCS需要一定的时间来选择合适的地点，并与当地达成共识。同时，政府也在研究CCU技术，以实现在各行业中对二氧化碳的工业利用。

二氧化碳可以直接制成干冰和用于焊接。它可以作为聚碳酸酯等树脂的原料，也可以与氢气反应，合成甲烷和甲醇等燃料。

日本大成建设公司在2021年2月宣布了一项技术，可将二氧化碳封存在混凝土中，备受社会关注。水泥一直以来是混凝土的主要成分，这项技术使用碳酸钙以及炼钢的副产物高炉渣作为混凝土原料，从而代替了水泥。碳酸钙受热后可分解成二氧化碳和钙。体积为一立方米，质量为2.3吨的混凝土中，可以封存70~170千克的二氧化碳。

各种城市基础设施都需要混凝土，似乎这是一个能够长期稳定地封存大量二氧化碳的好方法，但前提是要求材料制造商具备碳酸钙生产系统。此外，在建筑中使用此类预拌混凝土，也需要政府部门逐一批准。

吉冈阳

碳中和009——直接空气捕获技术

供家庭和办公室使用的小型机器登上舞台
技术成熟度　中
2030年期望值　22.0

第2章 能　源

通常认为，只有拥有大型设备的大公司才能进行二氧化碳捕集和再利用，但也有项目在研发小型捕集设备，并将其安装在个人家庭中，希望能够聚少成多，达到减少二氧化碳排放的目的。

由一般法人协会、碳捕获技术研究机构（Carbon Recovering Research Agency，CRRA）所开发和提供的直接空气捕获系统"CARS-α"（昵称"HIYASHI"），配备交互式 AI 系统，可以回答诸如碳捕获量等问题。

该设备依靠太阳能运行，如果连续运行一年，可以收集大约 50 千克的二氧化碳。这相当于 210 平方米草地一年所吸收的二氧化碳量。

至于费用，企业版一个月需要 42 000 日元，个人版则需要 30 000 日元。

该技术的专利正在申请中，因此并没有公布详细技术信息。开发者是 2000 年出生的村木风海先生，他是 CRRA 的主席和董事，同时是东京大学的学生。

图 2-17　小型二氧化碳直接空气捕获装置"CARS-α"（昵称"HIYASHI"）

资料来源：碳捕获技术研究机构、摄影：Shunichi Oda

初代装置是村木风海在中学时期制作的,该装置在 2017 年被日本总务省"异能 VATION"项目认可,并得到该项目的支持,继续对该装置进行研发和制造。

安装在装置内的二氧化碳捕集筒每 1—3 个月需要更换一次,所回收的二氧化碳可被用于温室施肥等。

以二氧化碳为原料,制作石油替代燃料和化学制品的研发也在进行中。

桥场一男

碳中和 010——人工光合成

> **利用太阳光、水和二氧化碳制造氢气和碳氢化合物(石油替代燃料)**
> **技术成熟度　中**
> **2030 年期望值　29.3**

顾名思义,人工光合作用指的是人工模拟植物发生光合作用的技术。研究希望通过这项技术能用可再生能源生产石油替代燃料,以摆脱对石油的依赖。

2021 年 4 月,日本株式会社丰田中央研究所宣布,成功利用太阳能、二氧化碳和水合成甲酸,在人工光合作用中实现了 7.2% 的能量转换效率,并声称这个数据达到了世界最高水平。通过合成产生的甲酸在常温常压下呈液体状态,将会用作氢能源载体之一。

此次人工光合作用实验中使用了三个反应装置。首先,利用太阳能电池将光转换为电压接通到氧化电极,再来电解水和提取氢离子。其次,在还原电极上,由氢离子、电子和二氧化碳发生反应合成甲酸。

到目前为止,太阳能电池在将光转化为电子的能力方面是比较出色的。这也是为何进行以上三个步骤的原因。此外,两个电极进行反应不需要光照。

因此,通过在太阳能电池模块的背面分层设置多层电极,比起以往可以更有效地利用电子。

野泽哲生

图 2-18 丰田中央研究所开发的人工光合作用系统,电极尺寸为 36cm x 36cm

资料来源:日经制造

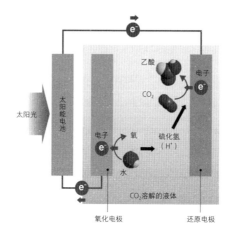

图 2-19　人工光合作用系统的工作原理

资料来源：丰田中央研究所

碳中和 011——氢气涡轮机

以氢气为燃料驱动火力发电燃气轮机
技术成熟度　中
2030 年期望值　25.4

使用氢气作为燃料驱动火力发电的燃气轮机的研究正在进行中。

现有的发电设施可以按原样使用，只需将一直运行的天然气涡轮机发电设施中的燃烧器更换为氢气涡轮机的燃烧器即可，不需要进行大的改造。

这是因为燃料无论是天然气还是氢气，都可以使得高压空气进入系

第 2 章 能 源

统,并让涡轮机旋转发电。然而,如果想让氢气燃料可以被普及利用,其价格必须稳定下来,运输和储存的成本也必须下降。

日本三菱电力是一家领先的燃气轮机制造商,其目标是在 2025 年前实现只燃烧氢气的氢气轮机商业化。该公司目前正在开发这项技术,预计在同年 3 月完成工厂压力测试。该公司于 2018 年完成了采用"预混燃烧"(70% 的天然气和 30% 的氢气混合)方法的燃气轮机的实际压力燃烧测试。燃料和空气被预先混合再送入燃烧器中的过程被称为预混燃烧。

当氢气燃烧产生的氮氧化物排放保持在与现有天然气发电相同的水平、输出功率为 70 万千瓦时,与天然气发电相比,能够成功减少约 10% 的二氧化碳排放量。

图 2-20 三菱电力的高砂工厂(日本兵库县高砂市)中正在组装的燃气轮机

资料来源:三菱电力

正在开发的氢气轮机使用了多组燃烧器，与混合燃烧系统相比，它有更多的燃料供给喷嘴，这缩小了燃料和空气混合的区域，并确保在燃烧器中产生的火焰会立刻向外排出，不会发生逆流的情况。

其燃烧特性已经在专用的模型燃烧器进行了验证，并成功实现了无回流的稳定燃烧。

并且，该研究对混合燃烧型的燃料供应喷嘴进行了改进，消除低速区域的发生，以防止火焰倒流。

高市清治

碳中和 012——氢气大规模储存和运输

> 氢气在生产地与甲苯发生化学反应后，以液态方式用集装箱船储存运输至目的地，再复原至气态
> 技术成熟度　高
> 2030 年期望值　44.3

利用液体 MCH 进行氢气大规模储存和运输的技术正在稳步推进中。

MCH 是在制氢现场用氢气和甲苯生产出来的。由于 MCH 在常温常压下是液态，因此可以直接使用运输石油及石化产品的集装箱船等设备进行储存和运输，无须进行改装。然后在港口、发电站和其他目的地从 MCH 中提取氢气，而剩下的甲苯则返回到氢气生产区。

第2章 能　源

引能仕在 2021 年 8 月宣布，将从海外采购液体氢气，并在炼油厂使用炼油设备进行氢气提取实证实验。

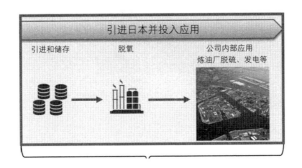

图 2-21　引能仕所进行的部分

而氢气将通过氢载体甲基环己烷（MCH）进行运输。该示范实验将持续到 2023 年年底。

千代田化工建设、三菱商事、三井物产和日本邮船等多家日本公司共同成立了"下一代氢能链技术协会（AHEAD）"，引能仕与该协会签订了基本采购协议，以采购要使用的 MCH。

所需 MCH 将使用文莱达鲁萨兰国生产的氢气进行生产，并运送到引能仕的炼油厂。引能仕将监督从接收海外生产的 MCH，到使用现有炼油厂设备生产和利用氢气的全过程。

实证实验的 3 个候选地点分别是日本的川崎、和歌山及水岛炼油厂。

MCH 将被送入具有脱氢功能的石油精炼装置，评估其对机器运作的影响，并研究合适的 MCH 处理数量。所生产的氢气将用于石油产品的脱硫等。

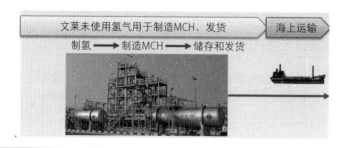

图 2-22 氢气运输的示范流程

资料来源：引能化

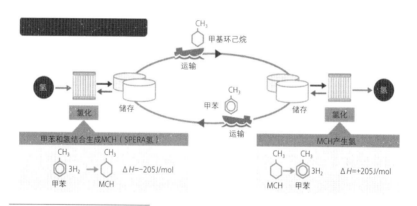

图 2-23 通过 MCH 运输氢气

资料来源：由千代田化工建设、三菱商事、三井物产、日本邮船和 AHEAD 联合发布

AHEAD 已经在 2020 年进行了示范实验，成功从文莱运输用千代田化工建设的"有机化学氢化物法"生产的 MCH。该公司声称，这一示范已经建立了基本技术，以实现 2030 年发电用氢气 30 日元/标准立方米的目标价格。

这次示范实验使用化学品船（10 000 吨级的混合装载）向引能

仕供应 MCH，预期将在未来实现商业化。而在 2020 年的示范实验中，则使用了 ISO 罐式集装箱（每罐 24 千升的容量）。

目前使用的是化石燃料燃烧所产生的灰氢，但未来将被源自可再生能源的绿氢所取代，以减少二氧化碳排放。大规模氢气运输的另一项被寄予厚望的技术是液态氢技术。

例如，川崎重工正在建造一艘可容纳 16 万立方米的液化氢的专用运输船，目的是在 2025 年前后实现其商业化。

当液化时，氢气的体积将减少到 1/800，因此这些油轮可以装载相当于 1.28 亿立方米（约 11 360 吨）的氢气。

为了每年运输 30 万吨氢气作为发电的燃料，至少需要有两艘专门的油轮进行运输，每艘油轮每年往返 12 趟，其发电量相当于一个核电站。

如果通过 MCH 运输相同数量的氢气（每年 30 万吨），据计算，大约需要 4 艘现有最大的化学品船（约 10 万吨）。

继日本前首相菅直人在 2020 年 10 月宣布，日本将在 2050 年实现碳中和，之后，日本经济产业省（METI）于 2020 年 12 月宣布了《绿色增长战略》，其中 2030 年的氢气采购量增加了 10 倍，每年最多将采购 300 万吨氢气。

在迫切需要解决氢气运输问题的压力下，MCH 的初始投资成本较低，可以使用现有化学品船进行运输，是一个实用的解决方案。

MCH 不仅可以用于从国外进口大量的氢气，还可以用现有的油罐车进行陆地运输，将氢气从国内港口地区运输到需求地区。到达目的地后，再从 MCH 中提取氢气，并供应给配备燃料电池的工厂、配送中心和商业综合体。千代田化工正在开发小型和中型脱氢设备，以满足上述分散的氢气利用需求。

山口健，工藤宗介

电池 013——后锂离子电池

> **增加锂硫（Li-S）充电电池能量密度**
> **技术成熟度　中**
> **2030 年期望值　28.8**

作为"电池革命"的一部分，可充电使用的锂硫（Li-S）电池的商业化时代即将到来。极有可能同时具备低成本和高能量密度的优点。

另外，面临重重挑战的氟（F）离子充电电池，也因新材料的发现而找到了突破口。

在过去 30 年里，锂离子可充电电池（LIB）一直是电池的主流，而如今代替它的候选者正在陆续出现。

下一代电池锂硫（Li-S）充电电池的能量密度远远超过目前 LIB 的能量密度，并且即将实现大规模生产。

Li-S 可充电电池使用硫黄（S）这种基本无成本的阴极活性材料，大大降低了它们的生产成本。在炼油的脱硫过程中会产生大量的硫黄。在日本，它每公斤的价格低于 10 日元。目前的 LIB 使用镍（Ni）或钴（Co）等材料，它们的价格则是每公斤几千美元。

第 2 章 能 源

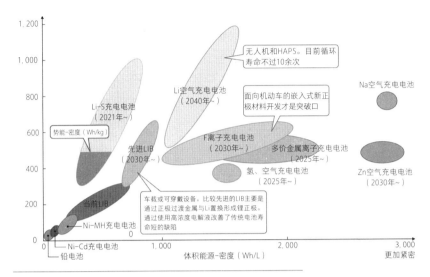

图 2-24 在下一代电池中锂硫充电电池最有可能实现实用化

资料来源：日经 xTECH 根据采访整理制成

然而，锂硫充电电池有一个问题，即在反复充电和放电后，其可用容量将会急剧下降，目前这个问题仍未解决。即便如此，由于无人机和小型电动飞机等航空应用需要轻质、高容量的电池，所以锂硫充电电池仍被寄予厚望。

野泽哲生，土屋丈太

电池 014——贝塔伏特电池（钻石电池）

小型、超长寿命的核电池

技术成熟度　中

2030 年期望值　7.9

贝塔伏特电池是一种核电池，它利用放射性同位素发出的 β 射线等运作，具有极长的使用寿命。为了防止辐射泄漏用了钻石材料，因此它们也被称为钻石电池。

这种电池不排放二氧化碳，不受天气条件的影响。

最初，这项技术是被应用于航天领域，但如今出现了一些初创企业，它们的目标是将这项技术商业化，把贝塔伏特电池用于传感器设备等民生用途。

一些放射性同位素的半衰期为几千年，并在很长一段时间内会释放出电子。核电池利用这一特性，根据用途不同使用寿命甚至可以长达 100 年以上。并且在此期间，它们不需要充电。

尽管这种电池仍然存在无法提高输出功率的问题，但由于其使用寿命非常长，可能可以改变一些仅需些微电力设备的使用场景，如传感器、物联网设备和某些医疗设备。

在这样的期待中，英国 Arkenlight 和美国 NDB 等初创企业登上了舞台，开始开发贝塔伏特电池。这两家公司都将目光转向了核废料，从中提取放射性同位素碳 -14（^{14}C），并将其加工成钻石。这些钻石继续发出辐射，利用半导体等将其转化为电能。如果核废料能够被利用，那将是非常有意义的。

上述两家公司都声称已经成功地进行了示范测试，并正在努力研究能够大规模生产的制造技术。然而，有人指出，大规模生产和增加产量面临着重重障碍,难以实现。

日本方面,日本国立研究开发法人日本物质材料研究机构已经生产出一个使用钻石基板的贝塔伏特电池原型。

三好敏,谷岛宣之

电池 015——过氧化物太阳能电池

> 包括发电层在内,其厚度约为传统太阳能电池的 1/100
> 技术成熟度　中
> 2030 年期望值　11.7

过氧化物太阳能电池是日本主推的下一代太阳能电池。

过氧化物太阳能电池是通过将一层过氧化物晶体等材料涂在基板上制成的,因此它很轻薄,发电层的厚度可以减少到晶体硅太阳能电池的 1/100 左右,并且可以被折叠安装在各类场所。

过氧化物太阳能电池可以安装在净零能耗建筑[1](NZEB, net zero energy Building)的墙壁上,或使用透明电极安装在窗户上。

目前,中国主导着晶体硅太阳能电池的市场,而日本公司的目标是用过氧化物太阳能电池改变游戏规则。

---

[1] 非住宅建筑,它通过安装能量负荷控制系统和高效系统,来维持室内环境质量,并实现节能和能源可再生,最终旨在让年度能源基础收支差额变为零。

2020年1月,新能源产业技术综合开发机构(NEDO)和松下电器实现了大面积(孔径面积为802cm²:长30cm×宽30cm×厚2cm)过氧化物太阳能电池模块的16.09%的高转换效率[①]。

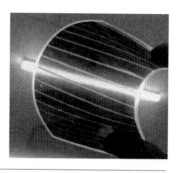

图 2-25 京都大学化学研究所的过氧化物太阳能电池原型

资料来源:京都大学化学研究所

图 2-26 大面积过氧化物太阳能电池

资料来源:NEDO、松下电器

---

① 日本产业技术综合研究所(National Institute of Advanced Industrial Science and Technology)的 MPPT 方法(最大功率点跟踪方法:一种更接近实际使用中的转换效率的测量方法)测得的能效值。

第 2 章 能　源

通过能够精确、均匀地涂覆原材料的大面积喷墨涂覆法，可以实现高转换效率。

松下公司已经改进了涂覆液的成分来更好地进行喷墨涂覆。此外，还调整了涂覆液的浓度，以精确控制涂覆过程中的涂覆量和速度。这些创新促进了过氧化物薄膜的晶体生长，统一了组件内薄膜厚度和晶体薄膜质量，并提高了转换效率。

NEDO 和松下公司正在努力降低大面积过氧化物太阳能电池模块的成本和重量。最终目标是将模块生产成本降低到每瓦 15 日元。

2020 年 5 月，三菱综合材料公司投资了京都大学的初创企业 Enecoat Technologies。该公司是一家开发过氧化物太阳能电池的公司，由京都大学化学研究所的若宫敦史教授担任首席技术官。

Enecoat Technologies 正致力于开发集高发电效率和耐用性于一体的过氧化物太阳能电池。它还在努力研发替代材料来取代电池中所含的铅。

三菱综合材料公司对该公司进行了投资，并与之合作开发提高过氧化物太阳能电池耐用性的技术，以及开发替代铅所需的相关材料。

金子宪治，工藤宗介

第 3 章

医疗保健

医疗保健——信息技术在医疗服务领域的应用

"在2022年至2030年有望得到大力发展的100项技术"是由日经BP主编和研究所所长等50名人员精选出的,其中上榜数量最多的要数医疗保健领域的技术,共有21项技术入选榜单。医疗保健包括了医疗、护理和预防等所有与健康有关的技术。

2021年是"100项技术"系列丛书出版的第6年(第6版),但与医疗有关的技术一直是热门话题。在以商业人士为调查对象进行期望值调查时,与医疗保健有关的技术总是名列前茅。

2021年,一些将IT与医疗保健相结合的应用技术更是被频频提及。例如,通过机器学习方法,可以让计算机从医学图像中学习,并协助检测和诊断病变。其中有一些技术仿佛是从科幻书中走了出来,变成了现实。

由于该领域技术关乎生命安全,因此对此类技术有着各种规定,无法即刻投入实际应用。然而技术与人类的关系是如此之近,这不由得让人感慨万分。

此外，人们还对传感和筛查技术抱以厚望，这些技术能让偏远地区的人们更方便地接受医疗检查，且可以在早期检测和预防疾病。

同时，利用人类细胞和组织的再生医学也有很长的道路要走。比如，我们所熟知的新型冠状病毒感染疫苗就利用了信使RNA（mRNA）生产药品的技术。

SDGs——提高生活（生计、生命）质量

第3项可持续发展目标（SDGs）的内容是"确保健康的生活方式，促进各年龄段人群的福祉"。正如这一目标所言，我们需要追求最广泛意义上的生活质量（QoL）。

虽然治疗类技术的发展仍然很重要，但只有当我们专注于预防和维护健康以防止疾病的发生时，生活（生计、生命）质量才能提高。了解QoL并深入了解如何改善QoL，才能将医疗技术和其他领域的技术有效地结合起来。

医疗016——AI医疗

> 通过机器学习从心电图和内窥镜等图像中自动检测病灶
> **技术成熟度** 高

2030 年期望值　35.2

AI 在医疗领域的应用大有前景。

目前有研究正在努力利用心电图、内窥镜图像等数据进行机器学习，从实际检查数据中自动检测心房颤动和肿瘤病变，并通知医生。

Cardio Intelligence 是一家研究将机器学习应用于心电图诊断的公司，由日本国际医疗福祉大学三田医院心脏科的田村雄一教授于 2019 年创办，他本人担任公司代表理事。

自 2016 年下半年以来，田村教授一直在开发能够从心电图波形中自动诊断心房颤动的算法，以实现非专业人员也能够诊断心房颤动的目标。其中，算法使用的心电图数据来自约 2 000 名健康人和心房颤动患者。心房颤动的诊断具有一定难度，且存在大量的潜在患者，如果不加以治疗，患者有严重中风的风险。

Cardio Intelligence 已经开发了一款名为 SmartRobin 的心电图分析诊断软件，用于从心电图波形中检测病理性心律失常，并于 2020 年 11 月作为"Holter 心电图[①]分析仪"被认证为医疗器械。

对心电图波形进行分析，诊断心律失常的时间段，并以红色显示（见下图）。

[①] 又称动态心电图(Dynamic Electrocardiography DCG)于1949年由美国 Holter 首创，故又称 Holter 心电图，是一种可以长时间连续记录并编辑分析人体心脏在活动和安静状态下心电图变化的方法。

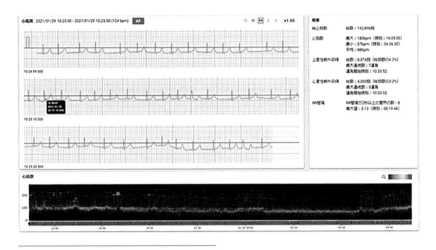

图 3-1　SmartRobin 所示心电图解析结果

资料来源：武智峰树氏

此外，该公司还开发了使用大量心电图数据检测长期心电图异常的 AI 新功能，并将其添加到 SmartRobin 中。该器械诊断的敏感性达到 98%，特异性达到 95%，准确率达到 97%，并计划在 2021 年年末作为 AI 辅助诊断的软件医疗器械取得批准认可。

Holter 心电图等数据被传输到 SmartRobin 后，将会对房性期外收缩、室性早搏等心律失常症状的时间段进行标示。医生将心电图波形与系统判断的心律失常时间段进行比较并作出诊断。

2021 年 2 月，日本东京大学医学部附属医院消化内科的山田笃生医生宣布，他成功创建了利用机器学习从大肠胶囊内镜图像中自动检测肿瘤病变的模型，并验证了其有效性。

但也有观点指出，大肠胶囊内镜的读影速度很慢，而且只有少数图像中会出现异常，因此有可能遗漏病变。

山田医生在15 933张含有肿瘤病变（息肉、癌症）的大肠胶囊内镜图像上标记了病变部位后，再进行机器学习。在进行有效性实验时，他使用了在机器学习时未使用过的1 850张肿瘤病变图像（105个病变）和2 934张正常图像，来评估AI自动检测肿瘤病变的能力。分析显示，在总共105个病变中，AI能够检测出101个病变，检测病变的敏感度为96.2%。

未来研究的方向包括进一步提高检测精准度、病例部位验证、多中心合作研究和评估临床实用性方法等。

山田医生认为："在理想情况下，从大肠胶囊内窥镜获得的大量图像将由AI进行初次读影，并由医生评估结果。这将节约读影师的时间，并减轻精神负担，减少遗漏病灶的风险。这也将促成大肠胶囊内镜的进一步普及。"

2020年12月，日本Ubie公司与日本神奈川县海老名市、海老名市医学会和海老名综合医院（神奈川县海老名市）开始向市民提供AI医疗咨询系统。系统会在网站上回答用户包括症状在内的约20个问题，随后，AI将结合问诊结果和地理位置，向用户提供附近合适的医疗机构。

这个系统是Ubie为海老名市民提供的"AI医疗咨询系统Ubie"定制版本。当病人回答了有关自身症状的问题时，系统便会提示与他们症状相关的疾病名称，并推荐合适的就诊地点。

如果海老名市系统识别出与新型冠状肺炎有关的症状，便会弹出画面，引导病人联系该市设立的呼叫中心。

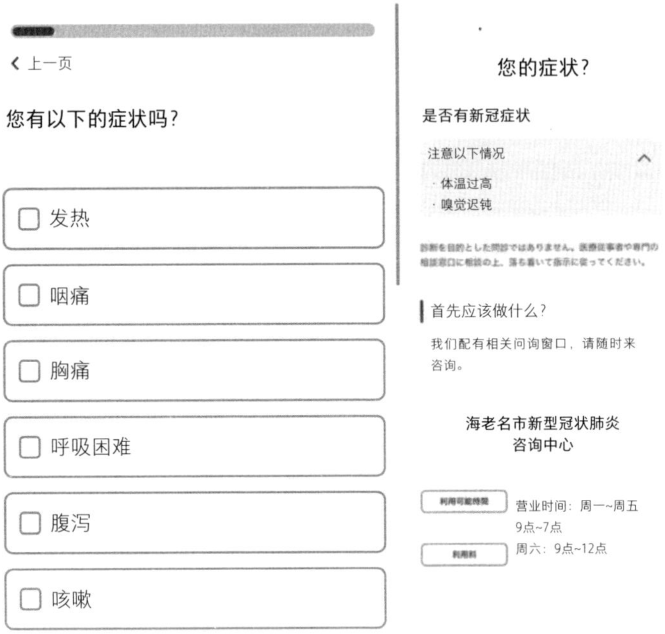

图 3-2　与 COVID-19 相关的症状筛查实例

资料来源：在 AI 医疗咨询系统 Ubie 上回答问题后显示的画面截图

AI 医疗咨询将使患者能够方便地到合适的医疗机构及时接受诊疗，从而更有效地利用医疗资源。自 12 月开始提供服务以来，整个海老名市在大约一个月的时间里进行了约 4 000 件 AI 医疗咨询。

加藤勇治，宇津木菜绪，安藤亮

医疗017——日本手术辅助机器人

> 日本产手术辅助机器人 HINOTORI 取得生产销售许可
> 技术成熟度　高
> 2030 年期望值　30.7

手术辅助机器人 HINOTORI 在 2020 年 8 月取得生产销售许可，为日本首例。

越来越多的手术可以使用机器人作为医疗保险诊疗手段进行辅助，在这种医疗需求的情况下，日本国产手术辅助机器人的出现，有望使手术辅助机器人的推广进入新阶段。

到目前为止，手术辅助机器人的市场一直由美国 Intuitive Surgical 公司开发的达芬奇外科手术系统主导，但其基本技术的大部分专利在 2019 年到期，因此刺激了日本等国家手术机器人技术的发展。

自 2020 年 12 月推出以来，HINOTORI 已在日本神户大学和藤田医科大学等处导入使用。HINOTORI 由 Medicaroid 公司开发，该公司是由技术领先的医疗设备制造商希森美康（SYSMEX）和日本川崎重工业共同出资成立的。

HINOTORI 首先被批准用于泌尿外科手术，并应用于前列腺癌、肾癌、膀胱癌手术，以及骶髂关节融合术和肾盂成形术等纳入医保范围的手术。2020 年 12 月，第一例使用 HINOTORI 的手术（前列腺癌的全切除手术）在神户大学进行，计划在未来将扩大该手术机器人的应用领域,例如胃肠道和妇科等手术。

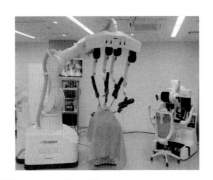

图 3-3　手术辅助机器人 HINOTORI 全貌

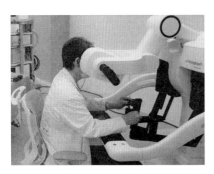 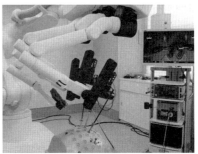

图 3-4　HINOTORI 的 Surgeon Cockpit　　图 3-5　HINOTORI 机械臂

拍摄地点:藤田医科大学(上排、下排左)、神户大学(下排右)各培训机构

　　HINOTORI 的控制台(Surgeon Cockpit)与主机分离,使用手脚来操作移动主机的机械臂和顶端的镊子。在 Surgeon Cockpit 内,可以观察到 3D 内窥镜图像。HINOTORI 的特点之一,在于其结构设计避免了机械臂之间的相互碰撞而导致的机器无法运作的情况,从而防止对手术产生干扰。日本人的体型普遍比西方人小,因此对

他们来说这种设计具有优势，特别是在针对老年人和年轻妇女的手术中可以发挥作用。

该机器人由日本公司开发并在日本生产，目前正在搜集日本外科医生在使用后的意见及建议，以便开发和改进机器人的机体、镊子等部件以及软件。虽然获批的手术数量还不多，机器人用电手术刀的种类也有限，但由于其器械的技术规格是公开的，预计未来会有包括风险公司在内的各种公司加入市场，加速产品的改进和阵容的提升。

虽然 HINOTORI 的价格尚未公布，但据说费用比每台几亿日元的达芬奇价格低。此外，日本等国家也正在开发更多种类的手术机器人。

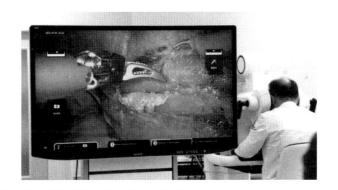

图 3-6　演示实验中远程操控 hinotori 的场景

资料来源：NTT DoCoMo

虽然 HINOTORI 的起步晚，但只要类似的机器人能够获得批准，就可以立刻用于医保范围内的手术。在过去的日本医保报销修订中，机器人辅助手术的医保范围正在扩大。在 2022 年的修订中，日本有可能进一步扩大机器人辅助手术可适用的医疗保险范围。

此外，在未来，预计可以使用手术辅助机器人从一个地区的核心医院到同一地区的另一家医院进行远程手术。这符合日本的医疗政策，即"确保在全国范围内平等地提供先进的医疗服务"。

HINOTORI 的开发也考虑到了远程手术的实施，相关远程手术的演示实验已经在进行中。

日本神户大学和 NTT DoCoMo、MEDICALOID 取得合作，利用商用 5G 在神户市的两个站点之间进行了远程操作的演示。在实验中几乎没有发生网络延迟的问题，验证了远程操作的可行性。

安藤亮

医疗 018——互联网医院

> 来院前问诊，筛选出疑似新型冠状病毒肺炎的患者
> 技术成熟度　高
> 2030 年期望值　12.6

去医院前在互联网医院进行问诊，可以提高业务效率，并能筛选出疑似新型冠状病毒肺炎的患者。

当用户在互联网医院就诊时，其咨询内容还将转移到电子医疗记录中。

医疗公司爽树会 Kinohana Clinic 推出了一款名为"MELP 互联网问诊"的互联网问诊软件，鼓励患者无论是初诊还是复诊，都在去医院前先进行互联网问诊。

患者通过智能手机或个人电脑进入咨询页面，以聊天的形式回答问题，告知就诊目的、症状、进展，以及是否希望进行检查等。软件将根据用户的回答提出下一个问题，根据咨询目的获得必要的信息。

奈良冈美惠子院长说："如果用户可以在家里填写医疗问卷，就可以不必顾虑时间，认真回答问题。在患者来医院之前掌握其就诊原因，能够更方便地为患者提供服务。"

通过事先在医疗问卷上详细询问症状，医生就可以在诊室内向患者确认他在过去几天内出现的症状，以及可以有更多时间与病人面对面交谈，不需要先听病人叙述症状，再自行输入电子病历等过程了。

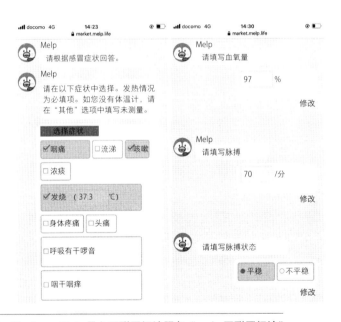

图 3-7　Kinohana Clinic 导入互联网问诊服务"melp 互联网问诊"

软件将根据用户的回答提出下一个问题，可以根据就诊目的获得必要的信息（左图）。奈良冈院长亲自示范输入信息，可将其用作医疗记录（右图）。

由于新型冠状病毒肺炎的肆虐，软件将首先对用户进行体温方面的提问，并建议疑似感染的患者接受电话问诊，而不是直接前往医院。如果在电话问诊中被确认有必要进行 PCR 检测，则将患者转由世田谷区医疗协会的 PCR 检测中心进行检查。

此外，奈良医院的冈院长还准备了一份医疗问卷，其中包含氧饱和度、脉搏、体温、血压、是否有水肿和褥疮，以及下一次预订的检查日期等问题，并可以在下次家庭诊疗前，用智能手机输入这些信息作为诊断记录。输入的信息可以被发送到电子病历中，因此不需要在就诊后二次传送信息。

二羽 Haruna

医疗 019——BMI（脑机接口）医疗应用

利用大脑表面电极贴片测量大脑活动，助力 ALS[①] 患者表达意愿
技术成熟度　中
2030 年期望值　11.2

人们对脑机接口（BMI）技术的应用研究重燃兴趣，该技术将大脑与设备相连，并利用大脑活动的信息进行康复治疗。

---

① 肌肉萎缩侧索硬化也称运动神经元病（DAHD）。是上运动神经元和下运动神经元损伤之后，导致包括球部、四肢、躯干、胸部腹部肌肉逐渐无力和萎缩。——编者注

该技术可以根据所测得的大脑活动信息移动身体外的设备，或者人为地连接身体内已经断开的神经回路。

一些研究是通过设备将大脑与外部设备连接起来，而另一些研究则是利用设备将大脑与脊髓、肌肉等部分连接起来，以创建人工神经回路。

一位名叫埃隆·马斯克（Elon Musk）的企业家于2016年成立美国公司Neuralink，并公开了一款可测量大脑活动的小型可植入设备，该设备已被植入猪和猴子体内进行动物实验，这一事件成了使BMI重新获得重视的契机。

包括Neuralink在内，美国的许多研究都将大量电极插入大脑，以测量神经元活动。用这种直接测量的方式得到的数据有很高的准确性，更容易进行分析，但大量的电极插入大脑意味着要面临脑出血的风险。

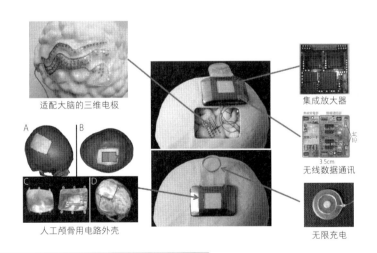

图3-8 大阪大学开发的低侵入性BMI示意图

资料来源：大阪大学

与此相对应，在日本，负担小的低侵入性技术的实际应用势头越来越好。其具体做法是，在颅骨和大脑之间植入多电极薄片用于测量大脑活动。据说它是最稳定的植入式 BMI 之一，可长期测量大脑活动。由于多个电极的高密度排列，数据的准确性几乎等同于直接将电极插入大脑的 BMI。

2011 年 3 月，日本大阪大学初创企业 JiMED 获得了大阪大学初创企业 Capital 和其他投资者的投资，总额约为 2 亿日元。该公司正在准备企业试验，目的是使一种医疗设备获得国家批准，该设备通过大脑表面电极贴片测量大脑活动，使 ALS 患者能够顺利表达他们的意愿。

JiMED 正在开发的设备，是基于大阪大学研究生院医学系的特聘教授平田雅之开发的技术。为了测量大脑活动，该设备配备了电极贴片（测量脑电波）、集成放大器（将获得的脑电波放大）、无线数据传输、无线充电等模块。进行一次手术可以维持测量脑电波约 5 年。

传达大脑信息的机制如下。

首先，通过手术，在患者的脑表面植入多电极薄片来测量脑电波。

患者使用的是网格状的五十音[①]交流设备。设备上的光标会自动滚动，当光标滚动到患者想要使用的那一行或那一列字母时，患者就会在大脑里想一个动作，如握住自己的手等。这时，植入头部的设备测量到大脑的活动，脑电波通过无线发射器发送到外部计算机，

---

① 日语中的发音的音节，有平假名、片假名之分，名有五十个音。相当于汉语的拼音。——编者注

然后外部计算机便会识别患者在设备上选择的字母。如此一来，患者便可以向外部计算机发送一串字母来表达其意愿。

ALS患者虽然可以使用手、脚、视线、眨眼等来控制信息传达装置，但随着病情的恶化，身体会变得难以活动。因此，如果使用上述装置的话，患者只需用脑子就可以传达自己的想法。

另外，使用由电极和设备组成的人工神经连接系统的研究也正在进行中。该系统可以连接中风或脊髓损伤者的神经系统，并应用于患者的康复。

人工神经连接系统负责接收来自大脑等部位的电信号，并将这些信号作为刺激，传递给其他神经系统，如脊髓和肌肉。该系统由植入每个神经系统的电极、一个接收和传输电信号的微型装置（20mm×35mm×55mm），以及连接电极和微型装置的电线组成。

图3-9　组成人工神经连接系统的小型设备（例）

资料来源：东京都医学综合研究所

这个微型装置搭载着一个信号放大器、一个CPU、一个执行电刺激的系统和一个可充电电池。该人工神经连接系统由项目负责人、东京都医学综合研究所脑功能重建项目的西村幸男开发。他将该系统应用于脊髓损伤或脑梗死的实验动物身上，使得丧失肢体运动功能的动物能够根据自身意愿移动肢体。

该项目在患有脑梗死实验动物的大脑表面植入电极贴片，并使用人工神经连接系统，将大脑中控制手臂运动的运动皮层区域与瘫痪肢体的肌肉相连。经过反复试错，实验动物在大约 10 分钟内恢复到能够自主移动肢体的状态。一般来说，发生脑梗死后至少 1 个月才可能恢复运动功能。

高桥厚妃

医疗 020——治疗性应用程序

由医生开处方，根据治疗状况和身体状况提供个性化指导

医生开具"治疗性应用程序（App）"处方正迈向实用化。

该 App 将根据病人提供的身体状况和治疗状态信息提供个性化指导。

日本福井市高泽内科医院高泽洋介院长使用该医疗 App 帮助患者戒烟。该男性患者 30 岁，希望能尝试不同的治疗方法，院长便向他介绍了 CureApp SC，并于 2021 年 2 月开始了治疗。

CureApp SC 是一款利用医生诊疗空隙进行戒烟治疗的 App。

2020年8月,它作为日本的第一个软件式医疗器械获得了日本监管部门的批准。

例如,当患者输入"我想吸烟"时,该App会提出"嚼口香糖"或"打扫房间"等建议。该App附带一氧化碳探测仪,可以记录测量呼吸中的一氧化碳浓度,并直观地显示戒烟的效果。患者可以在App中写下每日记录,并与医生分享他们的戒烟状况。

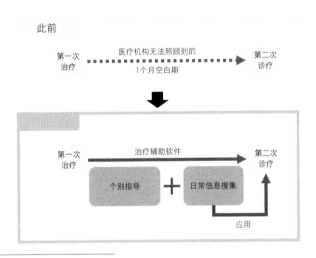

图 3-10　治疗性应用程序的作用

资料来源:日经 xTECH

戒烟治疗需要进行5次诊疗,男性患者往往在第二个诊疗前就戒烟失败,再次吸烟,但如果他们使用治疗性App便可以坚持治疗。

据高泽院长介绍,只有约30%的患者在进行治疗一年后能够继续坚持。他说:"在10分钟的咨询中,你能改变一个人的人生观和价值观的程度是有限的。我也曾经是个烟民,所以我理解一个人感到孤独或焦虑时想要吸烟的感觉。而这款治疗性 App 可以让患者在治疗期间远离孤独。"

治疗性应用程序也可用于诊疗。医生可以在治疗病人之前,用该 App 检查病人的记录,从而更容易判断病人的情况是否良好。高泽院长说:"当医生和患者建立了良好的关系,病人对治疗的积极性一定会有所提高。"

高桥厚妃

医疗 021——远程问诊和康复治疗

> 医生远程查看血压和心电图,并对病人的骑车康复训练进行指导
> 技术成熟度　高
> 2030 年期望值　14.4

远程康复技术和服务正在蓬勃发展。

AI、IoT 和可穿戴设备在家里为病人提供康复服务,并由医生和职业治疗师远程提供专业建议。

由于新型冠状病毒肺炎的肆虐,有些人不愿意前往医院,这项技术将可以为这些人提供康复支持。

至今为止,日本已出现形形色色远程康复的运用实例。2020 年

7月,大阪大学医学研究生院进行了一项由医生主导的临床试验,要求心脏病患者在家中使用由大阪大学初创公司 Remohab 开发的远程康复系统。

该系统将患者的血压、脉搏信息和心电图远程实时传输给医生。医生参照这些信息和医学访谈的结果,指导患者进行康复训练,比如指导患者骑自行车的速度等。

图 3-11 灵活利用 IoT 自行车进行远程康复治疗

资料来源:Remohab

由日本北原医院集团和 ExaWizards 公司共同开发的远程康复服务于 2020 年 6 月在北原康复医院试行。患者可以在家里边观看训练视频边进行康复训练,通过录制视频记录自己的情况,并听取康复师的建议。该系统还追加了一项利用 AI 对患者运动状态进行分析,并提供个性化建议的功能,如适合该患者的运动速度等。

日本东京医科齿科大学利用平板电脑上的摄像头等设备,帮助中度新型冠状病毒肺炎患者进行远程康复训练。还将考虑引入日本京瓷公司开发的耳机型可穿戴系统。该系统允许患者在康复期间与医生和职业治疗师交谈,并向他们发送运动期间血液中的氧饱和度水平等实时信息。医生将会根据数据提供适当运动量的指导。

高桥厚妃

医疗 022——可食用机器人

> **可食用机器人从嘴部进入人体提供养分**
> **技术成熟度** 高
> **2030 年期望值** 14.4

可食用机器人是指可以被人类胃肠消化的机器人,也就是由可食用材料制成的机器人。

有研究正在制作由可食用材料制成的机器人,用于食品加工厂。

还有一种可食用机器人被做成营养胶囊状,通过食道进入胃部,并在胃部被人体消化。

明胶是一种可食用材料,可以作为机器人的组成部分。它的弹性模量可与机器人的机械性能相媲美。

日本电气通信大学的新竹纯助理教授使用 3D 打印机制造了一种由明胶制成的介电弹性体,并制作了一个通过气压而不是电力运作的执行器。该执行器将运用于可食用机器人的手等部件。据称，其性能与硅树脂气动执行器[①]相当。

由苏黎世联邦理工大学的研究小组开发的明胶与甘油复合材料制成的执行器，也可以通过注入压缩空气来充气，使整个结构能够弯曲并施力。

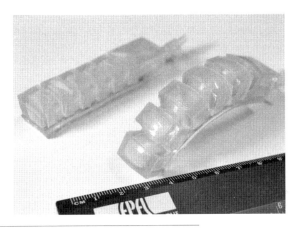

图 3-2　由苏黎世联邦理工大学开发的可食用机器人

资料来源：IEEE 网站

由这种材料制成的可食用机器人可以应用在食品加工厂，可以降低在加工过程中混入不可食用的异物的风险。明胶价格低廉，可以快速更换部件，因此卫生有保障。

可食用机器人还能在灾难发生时作为营养来源和应急食品。日本东北大学的多田隈副教授认为，进入灾民口中的机器人可以在他

---

① 按其能源形式分为气动、电动和液动三大类，它们各有特点，适用于不同的场合。气动执行器是执行器中的一种类别。

们的体内进行移动并被消化吸收，通过这样的方式为灾民提供营养支持。

多田隈副教授研发出了利用羊肠和冻豆腐进行硬度切换的功能。他在香肠状羊肠袋中塞满冻豆腐，当羊肠中的空气被抽走后，豆腐就会相互粘连，香肠就会被拉紧。相反，当空气进入时，冻豆腐会移动开来，变得柔软。如果材料的硬度和软度可以调换，就可以根据要抓取的物体的形状制作出相应的"夹子"机器人。

例如，它可以作为打开口腔的机器，在灾难现场进入幸存者口腔，并输送营养液。因为它是由可食用材料制成的，即便幸存者条件反射性地误吞食了机器人也不必担心。这种夹子机器人也可用于食品加工厂。

瑞士洛桑联邦理工学院和法国洛桑酒店管理学院正在合作开发一种使用可食用材料制成的运输无人机，在发生灾难时可以用来运输食物。如果无人机的机身由饼干等可食用材料制成，估计其总重量的 75% 左右可以作为食物，与传统无人机相比，这将大大增加可运输的食物数量。

如果未来机器人使用的传感器和电子电路，也能用可食用材料制造，那么就有可能创造出具有先进功能的可食用机器人。

苏黎世联邦理工大学的一个研究小组，正在研究一种由可食用材料制成的薄型温度传感器。可食用的传感器原型厚度为 16 微米，由无害的镁等材料制成。整个芯片被一种由玉米和马铃薯淀粉制成的可降解聚合物包裹。这种聚合物是可拉伸的，即使被揉成一团，也能发挥作用。

米兰理工大学的一个研究小组已经研究出在食品和药片上刻写电子回路的技术。该团队将用于纹身贴的转印技术，应用于药片和水果等可食用物体上，来转印有机电子部件。

可食用电子电路是由水溶性淀粉附在纸片上的乙基纤维素聚合物薄膜构成。

美国卡内基梅隆大学的一个研究小组，正在研究从乌贼的墨汁中提取黑色素来开发可食用电池。乌贼的墨汁将被制成阴极，与由氧化锰制成的阳极之间流动电子。

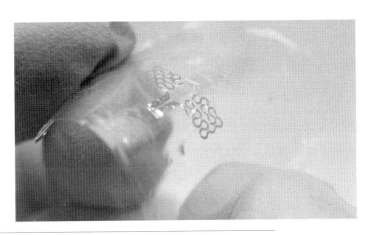

图 3-13　苏黎世联邦理工大学研究小组开发的可食用传感器

资料来源：苏黎世联邦理工大学 YouTube 图片

这种可食用电池的功率比普通电池小，但足以为一个简单的传感器供电。可食用的电池可以和可食用的传感器一起被吞入人体，在完成设定的检查任务后，便会被人体无害溶解。

木村知史，元田光一

医疗 023——AI 辅助生殖技术

> 通过机器学习辅助识别优质精子，提高卵胞浆内单精子注射（ICSI）的成功率
> 技术成熟度　中
> 2030 年期望值　7.5

利用 AI 帮助识别优质精子，帮助治疗不孕不育的研究正在进行中。同时，肉眼难以完成的 DNA 损伤的精子的识别工作也交由 AI 进行。

人们如今也能通过智能手机获得精子检查和治疗数据检索等服务。

有很多公司正在努力开发技术，利用 AI 辅助识别优质精子，以提高 ICSI 等生育治疗的成功率。日本奥林巴斯公司与东京慈惠会医科大学开展联合研究，以期开发出用于 ICSI 的 AI 显微镜。

在 ICSI 中需将单个精子注入卵子中，因此选择优质的精子尤为重要。胚胎学家们通过肉眼观察和手工操作，根据精子的活力和形态来选择精子。如果这个过程可由 AI 代劳的话，就可以大大减轻胚胎学专家们的工作量。

奥林巴斯公司与东京慈惠会医科大学联合开展的项目中，AI 在学习了 1 066 张精子图像后，成功地识别出视频中的精子，并测算出它们的运动性能。如图 3-14 中蓝色括号内的精子与胚胎学专家采用的精子相似，而红色括号内的精子是未被胚胎学专家采用的精子。黄色轨迹表示精子具有良好的运动能力。

在此基础上，AI 还进一步学习了优质精子的头部等形态，将会被采用的优质精子和不会被采用的精子用不同颜色圈出，判定标准符合资深胚胎学专家的判定。该 AI 将在临床试验中进行验证，其他医疗机构的评估也在推进中。除了基于 AI 的精子识别，AI 自动提取技术也在不断发展。日本医疗设备开发组织（JOMDD）、日本国际健康与福利大学和东京大学已经开发了利用 AI 分析精子活力和形态的软件，以识别优质精子，并正在努力开发提取优质精子的硬件。据说，该软件识别优质精子的灵敏度和特异性都超过 90%。

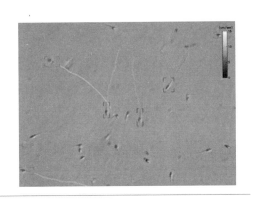

图 3-14　通过 AI 筛选出符合胚胎学家判断基准的精子
蓝色括号内的精子接近胚胎学家采用的精子，而红色括号内的精子是未被胚胎学家采用的精子。黄色轨迹表示精子具有良好的运动能力。

资料来源：奥林巴斯公司

胚胎学家难以判别出有 DNA 损伤的精子，而 JOMDD 正在研究这一 AI 识别技术。其方法是对 DNA 受损的精子进行标识，让 AI 通过机器学习掌握受损和非受损精子的区别。如果 AI 能够识别肉眼无法看到的损伤，并将受损的精子排除在选项之外，那么就会提高生育治疗的成功率。

同时，一些公司还提供了使用智能手机进行简易精子检查的服务。比如 SpinShell 公司的"SuguCare 男子家庭检查仪"。用户在智能手机摄像头上安装光学放大倍数为 555 倍的特殊镜头，拍摄精子的视频，并上传到专门系统，几天内就能收到来自辅助生殖技术胚胎学家的报告。

该报告内容包括精子浓度、精子活力和精子总数等，并附上 WHO（世界卫生组织）设立的标准值，低于该标准的将被视为难以自然受孕。用户可以根据这份报告中的信息，考虑是否前往医疗机构就诊。

SpinShell 在在线医疗系统领域也有涉及，该公司正在推动男子家庭检查仪在在线医疗上的应用。从 2020 年 6 月开始，日本东京的医院将"男子家庭检查仪"与在线医疗结合起来，为男性提供生育治疗方面的在线咨询。在咨询诊疗期间，医生将会参考智能手机上的报告。

同时，SpinShell 也在向需要不孕不育治疗的人提供服务。2021 年 4 月，初创企业 VIVOLA 推出名为 COCOROMI 的智能手机应用程序，提供搜索不孕不育治疗信息的服务。

用户在软件内输入自身数据，便可以根据年龄、AMH（抗苗勒氏管激素）、与受孕高度相关的疾病等因素，查找与自己相同情况的患者，并参考他们是如何治疗的，以及治疗次数和所花的费用。该软件收集整理治疗成功的患者的信息，并允许用户参考他们的个人数据，查看相似病症的患者使用了何种特定治疗药物。

第3章 医疗保健

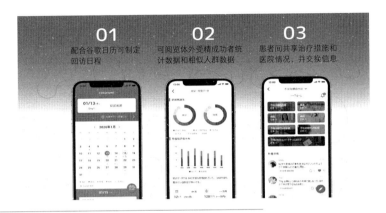

图 3-15　提供搜索不孕不育治疗信息服务的 COCOROMI

资料来源：VIVOLA 公司

开发这个软件的目的是与医疗机构合作，利用 AI 分析和验证数据，根据个体差异提供最佳治疗信息，帮助患者选择合适的治疗方法。

河合基伸

医疗 024——叠加显示图像的智能隐形眼镜

利用增强现实（AR）技术投射图像和文字的透镜式设备

技术成熟度　中

2030 年期望值　　10.0

人们佩戴的小型可穿戴设备包括眼镜、耳机和腕表，其中，隐形眼镜可以说是最小的小型可穿戴设备了。

083

隐形眼镜型传感器早已问世，用于测量眼内压的变化。

此外，有研究正在开发可作为普通隐形眼镜使用的设备，并使用超小型显示器或全息影像在视野中投射图像和文字。

美国 Mojo Vision 公司正在开发的 Mojo Lens 智能隐形眼镜利用 AR 技术，在用户的视野中叠加图像、符号和文字。

2020 年 12 月，Mojo Vision 与隐形眼镜巨头 Menicon Co 签署了一项联合开发协议，两家公司一直在进行智能隐形眼镜的可行性研究。Mojo Lens 搭载了 0.48mm × 0.48mm 的超小型显示器，检测眼球运动的传感器、超小型电池等。出于安全考虑，本来计划在 Mojo Lens 中使用全固态电池，但其小型化和操作时间较难控制。为了减少电池容量，公司自行设计了半导体芯片，希望能降低功耗。

图 3-16　Mojo Lens 搭载的超小型显示器

资料来源：Mojo Vision 公司

传感器能够监测眼球运动，并调整显示器上显示的图片。此外，传感器还能从眼球运动中获得与健康相关的数据，以检测疾病。

Mojo Lens 使用 AR 技术加强物体的轮廓，将首先作为辅助器械向弱视等视觉障碍人群进行推广使用。Mojo Lens 已经作为医疗器械得到美国食品药品监督管理局（FDA）等监管机构的批准，并通过眼科进行销售。

未来，Mojo Lens 将会应用于更多领域，提供给更广泛的用户，并在这个过程中收集各种生物数据。公司将会把 Mojo Lens 的价格定在与高端智能手机相同的水平。

如果可行性研究成功，Mojo Vision 和 Menicon Co 计划建立更广泛的合作关系，Menicon Co 或将承担生产和销售工作。

河合基伸

医疗 025——mRNA疫苗

> 制作病毒蛋白，注射部分遗传物质
> 技术成熟度　中
> 2030 年期望值　14.5

在新型冠状病毒肺炎疫情肆虐期间出现的所有技术创新中，信使 RNA（mRNA）疫苗在世界范围内的影响最大。

出生于匈牙利的考里科·卡塔林研究员，目前是德国 BioNTech 公司的高级副总裁。她于 2005 年发表了利用 mRNA 制作疫苗这一重大技术，成为 2021 年诺贝尔生理学或医学奖的主要候选人。BioNTech 与美国辉瑞公司合作开发了 mRNA 疫苗。

有观点认为，mRNA 将成为一项颠覆性技术，不仅能应用于制作病毒疫苗，而且能取代抗体药物等蛋白质药物。

ARCALIS 公司成立于 2021 年 4 月，将于日本福岛县南相马市建立 mRNA 药物和疫苗的生产工厂。该公司将着眼于 mRNA 药物的开发和制造等合同业务。为此，2021 年 5 月 27 日，ARCALIS 社长藤泽朋行与南相马市市长门马和夫一起发表了一份在线新闻声明。

图 3-17　ARCALIS 社长藤泽朋行（左）和南相马市市长门马和夫（右）在新闻发布会上

资料来源：ARCALIS 公司

ARCALIS 公司将从 2022 年 1 月开始在南相马市的下太田工业园建设一个活性药物成分（API）生产设施。该生产设施将于 2023 年 4 月投入使用，并计划于 2025 年在随后建设的制剂厂内进行一体化生产，以完成药剂的生产。

该公司计划在未来三年内向南相马市项目投资约 100 亿日元。预计资金将来自 ARCALIS 公司出资成立的 Axcelead 公司，同时也向国家和县政府提出了补贴申请。Axcelead 的合作伙伴日立公司也将参与该项目。

Arcturus Therapeutics Holdings（下文简称 Arcturus）是一家位于美国圣地亚哥的初创公司，拥有 mRNA 技术。ARCALIS 是 Axcelead 和 Arcturus 的合资企业，得到来自 Arcturus 的技术转移。

Axcelead 控股公司成立于 2020 年 4 月，从武田药品工业药物研究部门独立出来的公司是其子公司。Axcelead 的子公司位于圣地亚哥，在新冠肺炎疫情流行前，就一直与 Arcturus 的管理层就合作事项交换意见。

Arcturus 公司成立于 2013 年，在美国纳斯达克市场上市，拥有独立开发 LUNAR 脂质纳米粒子技术，一直致力于用 mRNA 药物治疗肝脏和呼吸道的罕见疾病。

新冠肺炎疫情发生后，Arcturus 与美国 Moderna、Biontec 等公司一样，开始开发 mRNA 疫苗，目前已进入最后阶段，在多国开展Ⅲ期临床试验。Arcturus 公司的 mRNA 疫苗的优势在于它不仅不需要冷冻保存，而且只需要注射一次即可。

藤泽社长称："南相马工厂建成后，预计将能够生产 10 亿份 mRNA 疫苗和 mRNA 药物的活性成分。"疫苗的类型虽然不同，但是 mRNA 的生产技术是相通的。该工厂正在计划签订委托合同生产 Arcturus 公司的 mRNA 疫苗。

在了解了 mRNA 强大的功能后，藤泽社长和他的团队决定开始承包与mRNA相关的开发和生产。藤泽总裁称:"辉瑞公司、Biontec公司和Moderna公司的疫苗的有效性高达95%,这令人震惊。"

mRNA疫苗的效力比传统疫苗高得多,即使出现变异病毒,理论上也可以通过改变核苷酸序列来应对。在未来,预防传染病用疫苗可能会被mRNA疫苗所取代。

图3-18 于福岛县南相马市建立的工厂效果图

资料来源:ARCALIS公司

此外,mRNA疫苗有可能取代基于蛋白质的药物。mRNA作为疫苗之所以有效,是因为它能在体内有效地产生"抗原蛋白",从而诱发人体免疫力。

mRNA的生产成本比蛋白质低。治疗罕见疾病的酶疗法和治疗癌症、类风湿性关节炎的抗体药物都是使用蛋白质制作的药物,必须在培养罐中使用动物细胞来制作,净化过程会产生巨大的成本。

在制药行业,抗体药物的研发和委托制造如雨后春笋般涌现。

如果 mRNA 的效果得到证实，可能会改变该行业的面貌。东日本大地震发生以来，南相马市正在积极重建和振兴城市，并开始了这项颠覆性项目。

桥本宗明

医疗 026——Muse 细胞

利用体内的多能干细胞，开始进行再生医学的临床试验
技术成熟度　中
2030 年期望值　9.8

再生医学技术，是利用人类细胞和组织来恢复功能失调的细胞和组织的技术。可以说这是目前最受期待的技术之一。

再生医学技术所利用的细胞，包括了从受精胚胎中提取的胚胎干细胞（ES）和京都大学山中伸弥教授发现的诱导性多能干细胞（iPS）等各种类型的细胞，而 Muse 细胞正是其中之一。

2011 年 4 月，三菱化学控股旗下的生命科学研究所宣布，将在日本进行使用 Muse 细胞治疗新型冠状病毒肺炎引起的呼吸衰竭的临床试验。该试验将从 5 月开始对患者进行治疗。

Muse 细胞是 2010 年由日本东北大学研究生院医学系的出泽真理教授等人发现的。Muse 细胞可以迁移到组织损伤部位并自发分化。

它们已被证实存在于骨髓和外周血等所有人类器官的结缔组织中。

表3-1 正在进行临床试验的缪斯Muse细胞产品（CL2020）（截至2021年9月）

	目标疾病名称	目标病例数	阶段	现状
公司临床试验	—	6	I / II	完成
	ST 段抬高型心肌梗死	83（包括安慰剂效应）	II / III	进行中
	脑梗死（亚急性期）	35（包括安慰剂效应）	I / II	完成
	大疱性表皮松解症	5	I / II	完成
	亚急性脊髓损伤	10	I / II	进行中
	肌萎缩性脊髓侧索硬化症（ALS）	5	I / II	进行中
	新型冠状病毒（SARS-CoV-2）并发症急性呼吸窘迫综合征（ARDS）	43	I / II	进行中
医生主导试验	新生儿缺氧缺血性脑病	12	I	进行中

资料来源：日经BP综合研究所调研

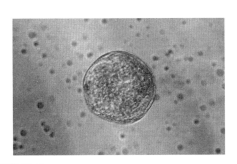

图 3-19　Muse 细胞（例）

资料来源：日本东北大学研究生院医学系研究科细胞组织学 出泽真理教授

与 ES 和 iPS 细胞相比，Muse 细胞的优势在于形成肿瘤的风险非常小，而且可以直接进行静脉注射，不用做手术。Muse 细胞不需要诱导细胞分化或转导多能性基因，并且可以在没有 HLA（人类白血病抗原）匹配和免疫抑制药物的情况下注射捐献的细胞。

目前该研究已经对急性心肌梗死、脑梗死、大疱性表皮松解症、脊髓损伤、新生儿缺氧缺血性脑病（医师主导）和肌萎缩性脊髓侧索硬化症（ALS）等进行了临床试验。所有这些试验都使用了 Muse 细胞产品进行静脉注射，该细胞都是由捐赠者提供的细胞制成的。

谷岛宣之

预防 027——利用图像进行非侵入性健康检查

> 利用身体图像和健康指标进行机器学习，从照片中推断出人体健康状况
> 技术成熟度　中
> 2030 年期望值　9.5

服装行业已经出现了根据照片等数据自动测量服装尺寸的技术，而这种技术在医疗保健领域的应用也正在加速。

向 AI 提供身体形态与健康指标相对应的数据用于机器学习，就能让 AI 从照片等数据中轻松地估计人体健康状况。预计这种服务功能将得到大力推广。

虽然这种方法的准确性不如传统检查高，但大大减轻了人力负担，因此有望作为全面检查和就诊时候的参考指标，旨在帮助患者在早期发现疾病。

企业发现一些用户在反复使用自动尺寸测量技术，以衡量节食和锻炼的效果。自动尺寸测量技术本是为时尚和服装业开发的技术，而这一发现使得这项技术开始向医疗保健领域进军。

2020年10月，日本ZOZO服装公司推出了新一代量体衣"ZOZOSUIT 2"，其测量点约为2万个，较第一代增加了50倍，以提高测量精度。测量点几乎无隙可乘地覆盖全身，可以识别肌肉和脂肪造成的身体表面的不匀称形状。由于测量具有高准确度，有望实现对脊椎侧向弯曲导致的脊椎侧弯和姿势不正的检测。

图3-20　配置了约2万个测量点的ZOZOSUIT 2

资料来源：ZOZO公司

ZOZOSUIT是由在线服装零售网站Start Today（现更名为ZOZO）开发的测量服。

2021年2月，美国Bodygram在其Bodygram尺寸测量应用程序中增加了3D Avatar功能来跟踪身体训练，并且能够用图表呈现身体24个部位的数值变化。

与以前的版本相比，新版本能更准确地掌握身体的状况和变化。

虽然该系统尚不能用于医疗诊断,但是它可以用来提示与体型关联较大的疾病风险,如代谢综合征、2型糖尿病和睡眠呼吸暂停综合征等。

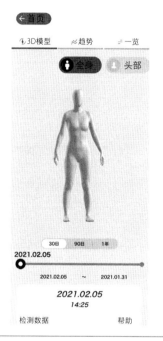

图 3-21　Bodygram 配备了 3D Avatar 功能,并跟踪身体训练

Bodygram 可以通过两张穿着任何服装的全身照片,结合身高体重数据进行身体尺寸测量。它是由美国硅谷的 Original Stitch 公司（于 2019 年被日本 WORLD 公司收购）开发的,这是一家从事定制衬衫的公司。2007 年 1 月,Original Stitch 将其身体尺寸测量业务独立出来成立 Bodygram。

利用该技术,还能够方便和详细地测量双脚的尺寸,改善脚部健康并预防伤害。日本大阪府泉大津市正在推动一项以脚趾为重点的健康促进政策，称为"AshiYubi（脚趾）项目"。该市约有 75 000 名居民，计划从 2020 年开始，对其中部分居民进行 3D 脚部测量和研究。

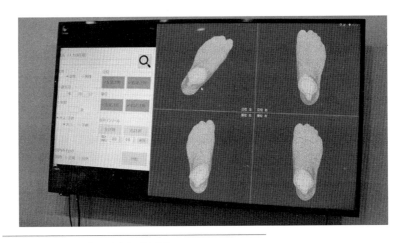

图 3-22　激光扫描仪对脚部的测量
扫描站立状态（站姿）和坐下状态（坐姿）之间的区别

资料来源：Beyond Health

测量工作将由自动三维脚部测量系统的开发商 DreamGP 公司进行。该系统除了能测量脚长、周长和宽度等鞋码指标外，还能检测出拇指外翻、扁平足和踝关节塌陷等情况。

该公司的目标是建立一个测量结果数据库，在泉大津市推动的上述项目是其计划的第一步。该公司希望通过分享足部测量数据，将足部护理直接与医生和理疗师关联，通过专业合作降低医疗成本。

这种基于数据的尺寸测量技术十分简便，但是如果想在医疗保健领域有一席之地,还必须要有相关的政策支持。

宇野麻由子

预防 028——利用住房、日常服饰做传感器

> 利用非接触式传感器和睡衣收集数据,检测中风等风险
> 技术成熟度　中
> 2030 年期望值　8.0

随着可穿戴设备的生物传感器越来越普及,人们开始对无须佩戴专用设备就能实现传感的技术产生兴趣。

例如,安装在家中的非接触式传感器,或者搭载在睡衣上收集数据的传感器等,都能够在不经意间对被测者进行测量,具有一定的研究参考价值。

2020 年 12 月,日本积水房屋开始了一个名为"HED-Net"的试点项目,并让普通居民参与其中。该项目使用家庭急性病早期反应网络,利用安装在客厅的非接触式传感器,来检测居民发生中风等急性病的情况,并搭配了紧急呼救和呼叫救护车的功能。

该试点项目对住宅内居民的心跳和呼吸频率等数据进行非接触式检测和分析。日本的柯尼卡美能达公司和 NEC 公司已在研究多普勒型传感器,并在非接触式传感器领域进行合作。他们认为戴着传

感器睡觉，对于健康人群而言过于麻烦，因此坚持研究非接触式传感器。

图 3-23　HED-Net 于 2020 年 1 月在美国展览会上展出

资料来源：日本积水房屋公司

使用 HED-Net 系统时，如果检测到居住人疑似急性疾病发作的异常情况，系统就会通知紧急呼叫中心，并呼叫操作员确认居住人的安全，必要时将会请求医院派遣救护车。在确认急救人员到达后，操作员将远程解锁房门，并在患者被救护车接走后将门锁上。

然而实现这一整套服务依旧面临重重困难。如何实现远程开关门？如何确保安全和准确地派遣救护车？为此，该公司将联手产学研合作伙伴，一起寻找解决方案。比如，该公司正在协商与日本庆应义塾大学理工学院的大槻知明教授的合作，以解决利用传感器数据判断情况时遇到的算法问题。

此外，该公司还将进行监测方面的研究，通过一段时间内的检测，以在早期阶段发现疾病，并研发基于从医学角度分析个人生命数据和生活环境数据的个性化预防服务。

日本积水房屋公司发现，在日本，每年约有 7 万人死在家中，其中脑中风和心肌梗死是较常见的死亡原因。而这两种病症，如果在发病的早期阶段能及时被送往医院的话，通常都是可以脱离危险的。

日本东京大学初创企业 Xenoma 正致力于研究一种名为"印刷电路布"（布质电子线路板）的新技术。这种电路像织物一样是可拉伸的，因此不会对穿着者造成困扰。它可以像普通衣服一样穿着并进行清洗。

在这项技术的支持下，智能睡衣"e-skins sleep & Lounge"如今已经问世。它的外观与普通睡衣几乎没有区别，腰部配置着带状电路，与口袋里的通信设备相连。它可以检测穿着者的心率、体温和血压，它还可以探测到睡觉时人体的朝向。结合智能手机中的倾斜传感器，该系统可以检测出穿着睡衣的人，是面朝下躺着还面朝上躺着，是坐着还是以不自然的姿势躺着。

如果将智能睡衣与外部设备相连，它还可以检测到穿着者何时下床，以及他们去了哪里。如果与家用电器相连，就能根据服装内的温度自动调节空调。

同样的技术也被用于开发"e-skin MEVA"，它可以测量人体下半身的关节角度。e-skin MEVA 可以准确测量人体行走方式和检测身体是否存有薄弱之处，即身体的虚弱部位。

图 3-24　可拉伸电子回路（银色部分）

资料来源：未并俊司

如果该技术能不局限于睡衣或运动服，而是能应用于日常服装的话，通过每天穿着，并持续检测活动记录，便可以检测人体疾病的迹象，并提前进行预防。

宇野麻由子，增田克善，小谷桌也，未并俊司

预防 029——肠道传感器

根据肠道菌群（大肠内细菌群）的状态确认人体健康情况

技术成熟度　中

2030 年期望值　6.4

肠道菌群主要是指生活在大肠中的细菌，据说其大约有 1,000 种，数量超过 500 万亿。

肠道菌群将膳食纤维等难以消化的食物转化为营养物质、激活免疫

第3章 医疗保健

细胞,并保护身体免受病原体侵害,对人体健康发挥着积极作用。随着新型冠状病毒肺炎疫情的流行,人们的健康意识有所提高,因此与肠道菌群有关的研究得到了大众的重视。

与肠道菌群状态感应器相关的技术正在开发中。

2011年2月,初创公司AuB宣布,与京瓷公司联合研究的结果表明,"居家办公使人体运动量下降,同时使得肠道内控制免疫力的丁酸梭菌的数量下降","改善饮食对双歧杆菌的保留有积极影响"。

AuB由前日本国家足球队队员铃木启太创立,主要研究运动员的肠道菌群。2020年2月,AuB与京瓷以及职业足球俱乐部京都不死鸟合作,对此进行了联合研究。

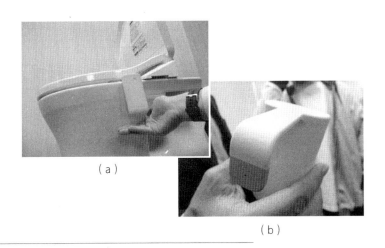

(a)

(b)

图3-25 京瓷公司的粪便气味收集装置
位于手掌上方的装置(a),与马桶挂钩的部分有一个孔,
可以收集周围的空气(b)。图中所示皆为模拟模型

资料来源:日经电子

京瓷公司从粪便的气味入手，通过这种方式推定肠道菌群的状况，并将数据分析的结果用于企业健康管理和保持人体健康延长寿命等新业务。仅凭日常生活难以了解人体肠道环境的变化及其趋势，因此该公司采用了上述简单装置，通过粪便气味确定肠道环境。

除上述设备外，该公司还将开发相应软件和分析算法，通过对肠道环境进行常规检测，以评估人体营养状况、免疫力、压力负荷等健康状况。

木村知史，野野村洸

预防 030——癌症筛查

利用血液和尿液进行癌症的早期检测
技术成熟度　中
2030 年期望值　28.6

所谓的癌症筛查指的是"在人群中筛选出有必要前往医院去做癌症相关检查的人"。

利用血液和尿液样本进行诊断的新癌症筛查技术具有良好的发展趋势。

这种方法减轻了病人的负担，能在早期阶段发现癌症，因此受到社会的关注。

目前正在研究的癌症筛查方法主要是检查血液中的小分子核糖核酸（microRNA）以检测是否存在癌症。microRNA是存在于细胞内的微小生物物质，癌细胞中microRNA的分泌量和分泌类型与正常细胞不同，因此microRNA作为癌症早期阶段的检测标志物，具有不可或缺的价值，备受社会关注。

此外，还有研究尝试利用尿液中含有的microRNA进行癌症筛查。例如，初创公司Craif使用专有设备收集尿液中的microRNA，并使用AI进行机器学习和分析，预计在2022年将该技术商业化。

图3-26　检测尿液微量microRNA的装置

资料来源：Craif公司

该装置结合了氧化锌纳米线和微流控技术，可高效分离和回收尿液中存在的微量microRNA。

利用尿液检测可以减轻病人的痛苦，且比起血液，能从尿液中收集更多类型的microRNA。使用传统检测方法，只能在2 000多种microRNA中检测到200~300种，但用该技术可以检测到1 300多种

microRNA。

许多论文表明,存在多种与癌症相关的 microRNA,检测得到的信息越多,检测结果就越准确。

癌症类型的识别技术仍处于研究阶段,在未来,除了检测出癌症类型之外,还有望通过检测区分良性和恶性肿瘤,以及识别出类似的疾病。

小谷桌也,小口正贵

预防 031——一滴血液即可进行过敏测试

> 可测试 **100** 种类型过敏源的生物芯片(基板上固定蛋白质等物质)
> **技术成熟度** 中
> **2030 年期望值** **15.9**

大量抽血所需要花费的成本较高,而少量血液即可进行过敏测试的技术能减轻医疗负担,因此这项技术被寄予了厚望。

IgE 抗体是常见的用来检查致敏原的媒介,通常通过对血液中 IgE 抗体的数量的测定来进行过敏检测。但由于血液中还含有细胞和蛋白质,因此难以准确测量微量血液中的 IgE 抗体数量。

2021 年 4 月,日本东丽株式会社(简称:日本东丽)开发了一种生物芯片（基板上固定蛋白质等物质），仅用一滴血即可检测多达约100种过敏源。该技术基于人工肾脏透析技术，使用微量的血液即可实现高准确度的检测。

日本东丽计划从过敏症患者身上收集样本，并进行大规模验证实验，争取在2022年提交作为体外诊断药物的制造销售许可申请。

此技术中，日本东丽应用了"低污损聚合物材料技术"。该技术原本是为血液透析患者制作人工肾脏而开发的。

图3-27 用一滴血可以同时测试多达约100种过敏源的过敏检测用生物芯片

资料来源：日本东丽

该生物芯片可以防止血液成分黏附在其表面而干扰IgE的检测，仅用20 μL微升的血液便能够进行高准确度的检测。

此外，日本东丽在芯片上应用精细柱状结构的技术，可以在一个生物芯片上安装多达约100个过敏源。

日本东丽的目标是在2022年为生物芯片申请其作为体外诊断药物的制造销售许可权，预计到2030年前后，其年销售额将达到几百亿日元。

日本东丽还在开发一种使用少量血液的癌症筛查测试盒,并加速其技术在医疗领域的发展。

大崩贵之

预防 032——数字听诊器

> 对听诊取得的生物声音进行机器学习与分析,实现呼吸系统疾病的早期诊断
> **技术成熟度** 中
> **2030 年期望值** 14.1

使用听诊器进行辅助诊断已经有 200 年的历史。如今,出现了一种技术,可以将听诊器从模拟信号设备转换为数字设备。

该技术将听诊器收集的生物声音转存为数据,并由 AI 进行分析,用以检测早期阶段的呼吸系统疾病。这项技术可用于对偏远地区的病人进行听诊。

2021 年 5 月,数字听诊设备公司 Share Medical 宣布,它将与日本圣玛丽安娜医科大学开始联合研究用于早期诊断和预测严重呼吸道疾病的 AI 听诊设备,该设备也可用于检测新型冠状病毒肺炎。

Share Medical 的数字听诊设备 "Nexstetho" 将从 400 名呼吸道疾病(新型冠状病毒肺炎)患者和 400 名健康人身上收集识别的生

物声音数据,并用此数据开发出一个能够区分两者的 AI 设备。

未来,该设备不仅可以检测出患者异常情况,还可以识别出异常情况是由哪种疾病引起的,目前该设备已向日本厚生劳动省提交申请,以取得该设备成为医疗器械的批准。

图 3-28　数字听诊器"Nexstetho"与现有听诊器结合使用

资料来源:Share Medical 设备公司

Nexstetho 使用的依旧是直接接触胸腔的传统听诊器胸件(听诊头),但能够放大呼吸和心跳等生物声音,将其转换成数字数据,并可通过蓝牙进行数据传输。胸件可以由病人拿着放在自己身上,而医生则在不远处进行听诊。

在对听诊器获取的生物声音进行分析时,还使用了图像识别技术。识别的生物声音被转换为光谱图像,根据每个频率的强度进行颜色编码。光谱图像由 AI 进行分析,检测具有呼吸道疾病患者特征的生物音符。该技术使用了圣玛丽安娜医科大学的医学 AI 知识,致力于构建最完善的系统。

由于传统的听诊方式是由医生通过耳朵来进行检查,因此只能使用人类可听范围内的数据。如果使用 AI 的话，便可以从人类无法识别的声音中检测出异常情况。

这项联合研究已被日本科学技术振兴机构（JST）纳入其事业研究成果最佳展开支援项目（A-STEP），并将在 2021 年 5 月 1 日至 2022 年 3 月 31 日开始实行。目前正在进行数据收集工作，8 月起将利用 AI 进行数据分析工作。

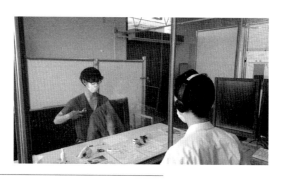

图 3-29　受诊者可以将听诊器放在自己的胸部

资料来源：Share Medical

听诊设备的相关技术不断取得进展，在这样的背景下，Share Medical 把目光锁定在了远程诊疗这一领域，并于 2021 年 1 月推出了新系统 Nexstetho Synapse，可以在线进行实时听诊，向患者提供问诊服务。

蓝牙的有效连接距离约为 10 米，该系统可以实现比蓝牙更远距离的听诊活动。现有的视频会议系统会将听诊器发出的生物声音识别为噪声并自动去除，因此很难应用于远程医疗。

Share Medical 医疗公司的 CEO 峯启真指出："听诊已有 200 年

历史，让进行听诊的人和接受听诊的人身处两地的想法可谓伟大。"

异步听诊也是可能的，即听诊数据被记录下来，以后再听。听诊数据可以由 AI 进行筛选，只有异常的数据才由医生听诊。

峯启真对远程视诊和触诊也进行了展望，他说："远程听诊只是第一步。如果能够实现远程视诊和触诊的话，那么患者只需要在进行精密检查和治疗等情况下才去医院。"

大崩贵之

预防 033——自动创建规划护理上门日程表

护理人员上门路线设定和日程安排自动化
技术成熟度　高
2030 年期望值　1.4

对于护理人员来说，人力决定上门路线表和时间表是最繁重的工作之一。

不仅是护理工作者，上门诊疗和提供护理服务的医疗机构，也面临着同样的问题。

而如今，随着自动化的应用，此类工作效率得到了提升。

PLUNURSE、Zeroyon Zerohachi 和 SHIFT 这 3 家在日本熊本县运营上门护理站的公司，都在使用 ZEST 公司开发的上门日程表安排软件。

该软件可以为每个用户安排定期上门服务日期和具体时间、每次上门所需的时间、上门护理人员的数量,以及可选的护理人员(根据工作班次和护理技能安排)。上述信息都会提前登记在系统上,只要按下系统上的优化按钮,系统便会在 5~10 秒为每个工作人员创建上门日程表,并生成最省时的上门路线。每位职员都可以在智能手机上查看当天的路线。

管理者只需要对系统生成的结果进行微调即可。80% 自动生成的安排无须修改,管理者最快能在几分钟内完成工作,并且也不会产生忘记将任务分配给某个员工的错误。如此一来,管理人员便可以专注于进行日程安排以外的工作。

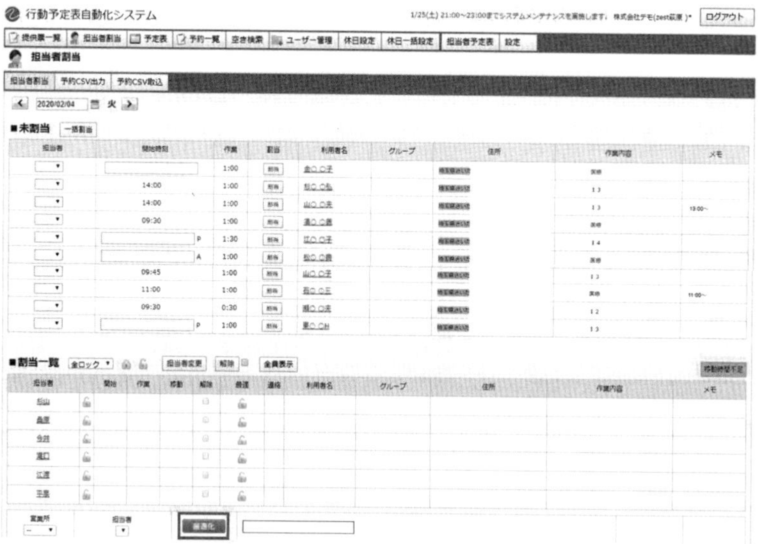

图 3-30　上门日程分配画面

资料来源:ZEST 公司

第 3 章　医疗保健

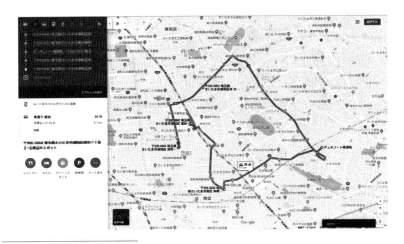

图 3-31　上门路线确认画面

资料来源：ZEST 公司

这三家公司还使用了 Seagreen 公司的人事评估系统"评估分"。当获得一个新用户时，公司就能从智能手机上获得通知，并发放积分。管理层和主管人员对员工的行为进行打分评估，他们的工资将和分数的高低挂钩。

丰川琢

预防 034——利用VR进行阿尔茨海默病体验

护理人员通过头戴式显示器体验阿尔茨海默病

技术成熟度　高

2030 年期望值　8.3

越来越多的企业开始使用头戴式 VR（虚拟现实）设备来进行员工培训，让员工亲身体验阿尔茨海默病患者的症状。

该设备是为护理人员提供体验教育而开发的，如今也被用于企业培训，希望员工能够培养换位思考的意识。

下河原忠道称："护理人员与居民生活关系紧密，责任重大。我希望他们能够意识到这一点。"下河原忠道是 Silver Wood 公司首席执行官，公司所运营的高龄社区"银木犀"，在日本关东地区的 10 个地方为老年人提供服务。

该公司要求所有员工参加半年一次的高级护理计划（ACP）和临终关怀的培训课程，在培训中他们与病人讨论他们可能遇到的各种情况。该公司还使用护目镜式 VR 设备进行培训。

图 3-32　日本福岛县磐城市举办的"养老院临终关怀培训"，现场分组进行 VR 体验再进行小组讨论

资料来源：Silver Wood 公司

公司利用 VR 设备让员工切身体验到阿尔茨海默病患者面临的困境，比如上了火车，却不知道在哪里下车的焦虑和沮丧感。这一经历将使护理者有机会重新思考阿尔茨海默病患者的感受和他们所面临的困境，并产生一些有益的改变。

Silver Wood 原创制作 VR 内容，并将包括 VR 设备租赁、内容体验和小组讨论在内的方案打包，以"VR Angle Shift（换位思考）"的形式提供给其他护理机构和公司。

除阿尔茨海默病外，该公司还以高龄患者的急救体验、多样性和包容性为主题创作更多 VR 内容。前者是站在 90 岁高龄患者的第一人称视角体验急救，而后者则站在团队中各个岗位的角度，进行各种第一视角的体验。体验结束后，参与者们互相讨论，并进行深度思考。

丸本结实

预防 035——摔倒时会变软的地板

> **将老人摔倒时受到的冲击，减少约普通地板的一半**
> **技术成熟度　高**
> **2030 年期望值　2.7**

据估计，日本每年约有一百万名老人因跌倒造成骨折。其中 1/4 的老人是大腿骨折，这使他们面临着卧病在床、无法起身的风险。

为了解决这一问题，一种在人跌倒的瞬间立刻变软的地板问世了。

据说，比起普通地板，这种地板能将老人摔倒时受到的冲击减少约一半。

许多人因为摔倒在地使得大腿骨折，而不得不卧病在床，为了使这种事情不再发生，初创公司 Magic Shields 开发了一种名为 Koroyawa 的地板，并进行销售。当人在这种地板上摔倒时，骨折的概率不大。

当人在 Koroyawa 上面行走时，它和普通地板一样硬，但对其施加巨大的力量时，它会立刻改变形状，变得柔软。正常状态下 Koroyawa 的硬度与普通地板相同，人们可以拄着拐杖行走或坐轮椅移动，不必担心会失足滑倒。

Koroyawa 使用医院标准的表面材料，可以对其进行消毒和清洁。它是由可回收材料制成的，可以被回收和重新利用。目前该地板按月出租给用户。

图 3-33　当人跪下时，它就会马上弯曲吸收冲击力

资料来源：小口正贵

2010年12月，Magic Shields与日本藤田医科大学合作，使用能减少一半摔倒冲击力的Koroyawa，进行患者康复训练中的平衡功能测试，并记录地板的效果。

该系统已经被引入日本静冈、爱知县等地的医院，以及日本东京、神奈川、静冈和爱知县等地的疗养院。

未来，Koroyawa将与物联网服务相结合进行监测，将进一步降低跌倒受伤的概率，安心实现远程看护。

神保重纪，小口正贵）

预防036——光触媒

受LED灯照射后，将花粉和病毒分解成水和二氧化碳等物质
技术成熟度　中
2030年期望值　16.0

光触媒指的是在光的照射下产生化学催化作用，或指具有这种作用的物质。这种物质只需要有光、二氧化碳或水的存在，就会发生化学反应，而且对人和环境都无害。

由于去碳化社会建设的加速，以及社会需要寻找应对新型冠状病毒肺炎的措施，因此光触媒得到了社会的关注。

光触媒的作用在半个世纪前首次被日本研究人员发现，如今人们对它的期待越来越高。

光触媒是一种用于人工光合作用的技术，但它在预防新型冠状病毒肺炎方面的作用也越来越突出。

成立于 2018 年的 KALTECH 公司利用光触媒技术研发出了空气净化器。该公司通过 OEM（代工生产）方式利用光催化技术生产了颈挂式空气净化器和冰箱除臭器，并在 2019 年 12 月以自有品牌形式推出了壁挂式空气净化器。

该机器内部包含 LED 以及涂有二氧化钛的光触媒过滤器。当光触媒暴露在 LED 光线下时，它可以将花粉和病毒等分解成水、二氧化碳等物质。

KALTECH 与日本大学医学院、理化学研究所进行联合实验，并声称该公司的空气净化器在容积为 120 升的密封箱中运行 20 分钟后，新型冠状肺炎病毒被灭活了 99.8% 以上。

图 3-34　光触媒壁挂式空气净化器

资料来源：KALTECH

自 2008 年 9 月以来，新加坡立邦涂料控股有限公司已经发售了四种包含光触媒的涂料，其中包括了抗病毒和抗菌品牌"PROTECTON"。

当涂料被涂到墙壁和天花板后，涂料中包含的光触媒将与室内照明发生反应，并将一部分病毒分解。它可以在几小时内抑制 99.9% 以上的病毒和细菌，而且只要涂层不剥落，就能持久有效。

日本的染色加工公司小松材料（KOMATSU MATERE）研发了一种可以消灭细菌的"AEROTECHNO"材料，材料纤维中含有光触媒，可以在六小时内消灭 99% 以上的新型冠状病毒。该公司在原已证明有效的抗病毒材料上进行了改良，增加了材料中光触媒的附着量。使用这种织物的口罩、制服以及窗帘等制品已上市销售。

此外，光触媒技术在其他领域也发挥了作用。AEON 在其旗下的电影院"AEON CINEMA"内安装了抑菌空调系统，该系统利用光触媒和紫外线抑制病菌的活性。

日本 JR 巴士东北公司对其运营的 157 辆大型巴士的座椅、车帘和车顶进行施工，涂覆由日本东芝高新材料公司生产的光触媒"RENECAT"。预计该涂层有效期为三年左右。

光触媒是在日本被发现的。1972 年，当时还是东京大学研究生的藤岛昭（日本东京理科大学前校长，2021 年 8 月起加入中国上海理工大学）等人，在英国科学杂志《自然》上发表了二氧化钛在光照下能够促进水分解成氢气和氧气的反应的文章，即"本多 – 藤岛效应"。

中山玲子

第 4 章

IT

IT——让虚幻的东西变得真实

本书所列举的 100 项技术中，许多技术都与 IT 有关。本书共有与 IT 技术相关 22 项，其中本章 15 项，第 7 章 7 项，几乎与本书中出现的医疗保健技术数量一样多。在下一章，即第 5 章中，也有许多技术应用了 IT，如果把这些技术也包括在内的话，与 IT 相关的数量将是本书中最多的。

IT 是计算机及网络通信的统称，多亏了"虚拟化"的力量，它才得以如此普及。"虚拟化"一词用日语来解释似乎难以理解，其英语为"Virtual"，意味着虽然不是现实，但接近于现实。换句话说，IT 可以创造出接近于现实的状态，使工作变得更方便。

从电话到视频会议，这些技术快速普及，让人们能够像面对面一样进行远程交流。此外，还能利用计算机生成真人语音；在计算机上再现飞机、工厂甚至城市等具有许多部件的结构或空间，以便对现实进行改进和维护。这些都是虚拟化案例。

虚拟化过程需要处理大量的数据，因此必须提高计算机和通信网络的处理能力。尽管量子计算机仍处于研究阶段，但商业人士意识到需要通过新技术提高计算机的处理能力，因此对量子计算机抱有很高的期望。

SDGs——IT是所有领域的合作伙伴

作为一种无形的技术，IT可以应用于所有领域。本章列举了通过IT"让城市和人类居住区具有包容性、安全性、有风险抵御能力和可持续性"的例子。不仅对城市，IT对于发展"有风险抵御能力的基础设施"和"扩大创新"也至关重要。

IT可以被看作一种合作性技术，将人与人、人与物、物与物联系起来。要达成"加强执行手段，重振可持续发展全球伙伴关系"的目标，必须需要IT的帮助，但不一定需要使用最新的IT。如果使用上几代的手机也能"重振"人与人之间的联系，那么这也不失为一种良好的IT利用方式。

图4-1 SDGs目标

资料来源：联合国新闻中心

量子技术 037——量子互联网

> 保持量子状态（既可以是 0，又可以是 1），设备之间通信的基础
> **技术成熟度** 低
> **2030 年期望值** 33.9

量子互联网是用于连接多个门模型量子计算机的基础，可以发送和接收既是"0"又是"1"的量子比特。这就需要使用与目前的互联网完全不同的传输协议和中继器。

日本政府于 2020 年 1 月发布的《量子技术创新战略（最终报告）》中提到，部分技术最早将在 2030 年投入使用。在现阶段，正在对该系统所需的各个技术进行基础研究。

使用多个门模型量子计算机同时计算，其既是"0"又是"1"的叠加态能指数倍地提高计算能力。

量子互联网将分散在不同地方的门模型量子计算机连接起来同时进行处理。在加密通信中，加密密钥可以在保持量子状态的情况下被共享，并且不会被中继器解密，可以直接安全地从发信源头发送到接收器。

在未来，量子互联网的专用信息和通信基础设施，将与目前的互联网结合一起使用。这是因为即使门模型量子计算机能够实现实用化，我们仍需要使用经典计算机。

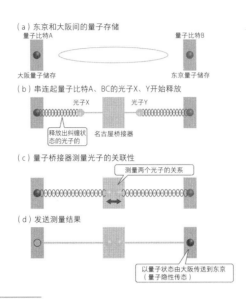

图 4-2　量子互联网简介

资料来源：以 Quantum Internet Task Force（QITF）的资料为基础由日经 xTECH 整理制成

实现量子互联网的最大挑战在于通信路径中的中继器。虽然目前可以用光子进行传输，但必须开发一个全新的中继器来处理处于量子态（主要是偏振态）的信息。传统的通信使用光子作为"0"和"1"的数字信号。

有研究正在考虑利用"量子纠缠"这种量子特定现象进行信息传输，作为实现量子中继的方法之一。

当存在多个量子态的量子比特时，每个量子比特都与另一个量子比特有类似双胞胎的关联，这就是量子纠缠现象。即使两个量子比特相距甚远，在量子纠缠的状态下，其行为方式也是一样的。在这种状态下，将一个量子状态进行远距离转移的现象称为"量子隐形传态"，通过这个现象可以实现量子中继。

假设将一个量子状态从日本的大阪传送到东京，并在名古屋设置中继点。

量子存储器分别放置在大阪和东京，可以长期保持量子状态。接下来，在大阪准备了量子比特 A 和纠缠态光子 X。同样，在东京准备量子比特 B 和纠缠态光子 Y。

日本名古屋位于东京和大阪之间，光子 X 和光子 Y 被发射到位于名古屋的量子中继器。量子中继器将测量这两个到达的光子的量子状态之间的相关性。这将使得远在大阪和东京的两个量子比特之间产生量子纠缠。利用这种状态，即量子隐形传态，量子状态便能从大阪传输到东京。

要实现上述量子中继器，需要能够长期保留量子状态的量子存储器，以及需要与测量量子状态相关性的技术和纠错技术的支持。

使用量子纠缠和量子隐形传态的量子互联网的想法，在 20 世纪 90 年代之前就已存在，但直到最近几年，量子中继系统的物理学才被成功验证。

2019 年，日本大阪大学研究生院基础工程研究生院材料科学和工程系物理特性和工程领域的山本俊教授小组，成功地进行了全光量子中继实验，在中继中不需要量子存储器。荷兰代尔夫特理工大学的一个研究小组，在 2021 年利用量子存储器成功进行了一次量子中继实验。

在未来，该小组旨在验证短距离连接节点的量子中继设备，并最终构建一个大规模的网络。该小组已经成功验证了量子中继系统的原理，未来将提高中继器的纠缠态保真度。

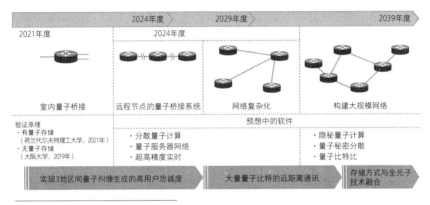

图 4-3　量子互联网的重大里程碑

资料来源：以 Quantum Internet Task Force 的资料和日本政府 2020 年 1 月发布的《量子技术创新战略（最终报告）》为基础，由日经 xTECH 整理制成

然而，这些技术仅限于在室内进行中继，要实现量子互联网的实用化还有很长的道路要走。

土屋丈太

量子技术 038——量子密钥分发

加密密钥通过某种量子发送，使得它不可能被窃取

技术成熟度　中

2030 年期望值　21.7

量子密钥分发以量子力学为基础，能够安全地交换信息。加密和解密信息所需的加密密钥由一个光子通过光纤发送。当攻击者试图窃听时，光线会被破坏，并留下痕迹。一旦发现被窃听，被盗的密钥就会被销毁。由于量子密钥分发能可靠地检测出窃听者的窃听行为，所以它作为一种新的加密技术，在世界各地流行开来并得到了证实。

2021年6月，日本东芝公司宣布，已经成功在600千米以上的距离完成了量子密钥分发的实验。在该实验中，除了传输和接收携带加密密钥的光子外，还传输和接收两个携带校正用光参考信号。如果携带加密密钥的光子的状态，受到温度变化或振动的影响，光参考信号则会帮忙进行校正。

这项技术有可能为量子密钥分发开辟更加广阔的空间，使得这项通信技术不只能应用于城市内部，甚至能应用于城市间乃至国家间的通信。

由于稳定性的问题，量子密钥分发目前无法做到长距离通信，该产品的通信距离限制在100~200千米，而在实验室里最多长达500千米。要实现长距离通信的话，就需要设立一连串中继点，并且在每个中继点解开加密密钥。

从2005年前后开始，量子密钥分发技术在世界范围内加速发展，并在10年左右广泛渗入社会，预计在2035年达到约200亿美元（约21万亿日元）的市场规模。目前，中国在量子密钥分发技术实际应用方面处于领先地位，而美国、欧洲和日本正在对相关技术进行实验。其中，日本在设备性能和国际标准化方面具有优势。在过去的

20年里，日本国立信息通信技术研究所（NICT）、日本东芝、日本电气股份有限公司（NEC）、日本电报电话公司（NTT）、日本三菱电机等公司，在量子密钥分发技术领域都有一定的技术经验积累。

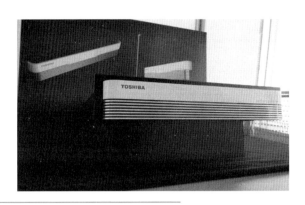

图 4-4　日本东芝开发的量子密钥分发通信装置

资料来源：日经 xTECH

在 2020 年第四季度，日本东芝启动了在日本和国外建立量子密钥分发设备系统的业务。2009 年 4 月，量子密钥分发通信业务被转移到子公司东芝数字解决方案，以优化经营体制。该公司正在与日本以及海外的 50 多家公司合作，包括建设基础设施的合作伙伴和使用该系统的公司。

2020 年，日本东芝将与英国主要电信运营商英国电信集团（BT Group），以及英国布里斯托尔的一个研究开发机构合作，建立一个实用的量子密钥分发通信验证系统，并正在进行从远处将 CAD 数据传输到 3D 打印机的实证试验。试验中，量子密钥分发技术被用来保护高机密性的 CAD 数据。

同时，日本东芝参与了北美电信运营商VERIZON通信公司的一个试验项目，旨在通过在5G通信中继站安装量子密钥分发通信设备来确保通信渠道的安全。5G低延迟的优势有望被用于远程控制，如自动驾驶，利用其量子密钥分发技术，可以防止系统被黑客攻击。

日本东芝也在日本国内进行示范试验。该公司与日本东北大学东北医疗·超级银行机构等组织进行合作，尝试使用量子密钥分发通信，将大量基因组分析数据实时传输到7千米外的基地。

在金融领域，日本东芝已经与野村证券公司取得合作，进行利用量子密钥分发安全交换客户管理信息和交易信息的实证试验。NICT和NEC也参与了上述实证试验。日本东芝公司先从利用量子密钥分发技术处理国家机密、金融和基因组分析数据等重要信息方面入手，走在行业前列。先从处理重要信息方面入手的原因是，目前量子密钥分发技术的通信距离有限，而将发射器和接收器连接起来需要许多中继器，使得量子密钥分发通信设备的成本会很高。

这是因为如果将发射器和接收器成对并列在一起，通信距离是有限的，而且安装量子密码通信设备的成本也很高。

表4-1　2020年度日本东芝参与多个国内外实证试验

地区	项目
日本	与野村证券等金融公司进行实证试验
北美	参加美国Verizon量子密钥分发试验
英国	与英国BTGroup以及英国国有研究机构共同构筑、运营系统
欧洲	参与欧盟"OpenQKD"实证试验项目

表4-2　2021年度日本东芝参与多个国内外实证试验

地区	项目
日本	与特定政府机构共同开展示范试验项目
北美	将与"Chicago Quantum Exchange（CQE）"、大型金融机构合作进行实证试验
英国	将在伦敦进行"Quantum Safe Network（QSN）"实证试验
欧洲	计划与A国的主要电信公司进行QSN实证试验
韩国	计划与大型电信公司共同参与政府选定的示范项目，并计划进行量子密钥分发的实证试验
新加坡	计划与主要电信公司进行量子密钥分发试验

资料来源：以东芝数字解决方案公司的资料为基础由日经xTECH整理制成

日本东芝致力于在未来实现让公司、团体等能轻松利用量子密钥分发通信的愿景。并将与电信公司等进行合作，为量子密钥分发通信的到来准备好大规模网络，让有安全通信需求的用户能够在指定区域使用量子密钥分发通信。

久保田龙之介，堀越功

量子技术039——量子计算云平台

将量子计算机融入云服务并进行利用
技术成熟度　中
2030年期望值　36.0

基于量子力学原理，利用量子比特可以同时为"1"和"0"的叠加特性，使得通过通信网络使用量子计算机的想法成为可能。

量子计算云平台的出现，使得用户可以立即开始使用量子计算机云服务，增加了公司和大学研究人员可进行编程和分析的试验机会。然而，大多数用户只是用这项服务进行教育或试验。在未来，量子计算云平台将面临进军商业和研究领域的挑战，发挥它的作用。

亚马逊网络服务公司（AWS）和微软的量子计算云平台，支持使用多个制造商开发的量子计算机。美国 IBM 也在尝试将其量子计算机 IBM Q 提供到云端进行服务。

日本理化学研究所计划在 2021 年 4 月建立一个研究中心，开发超导量子计算机，并在 2022 年通过云平台提供服务。

亚马逊日本在 2021 年 5 月对目前的服务使用情况进行了汇报。报告显示，亚马逊可以利用加拿大 DeWave 系统公司和美国 IonQ 公司的量子计算机。

图 4-5　美国的量子计算机 IBM Q

资料来源：日本 IBM

日本爱和谊日生同和财产保险的美国子公司，在 IonQ 公司的量子计算机上使用来自自动驾驶汽车的传感器数据，测试了其机器学习算法，以进行保险商业调查研究。

德国大众汽车集团也将量子计算机用于算法测试和开发。美国资产管理巨头富达投资公司的富达应用技术中心，正在进行一项将量子计算机应用于金融领域的概念验证（PoC）。

长仓克枝，中田敦

量子技术 040——可纠错量子计算机

> 根据噪声自动进行量子比特纠错
> 技术成熟度　低
> 2030 年期望值　26.3

与"可纠错量子计算机"相关的研究正在进行中，据说该研究可能需要 10~30 年的时间才能取得成果。如果能够实现量子比特纠错，那么用传统计算机无法计算的大规模量子化学模拟将成为可能。

美国波士顿咨询公司预测，能够纠错的量子计算机的出现，将产生几十万亿日元的经济效益。

2021 年 5 月，美国谷歌公司宣布了其量子计算机的开发计划。它将在美国加利福尼亚州的圣巴巴拉打造一个新园区，在 2029 年之前开发出搭载100万个量子比特的可纠错量子计算机。

根据谷歌的开发计划，需要100万个量子比特，来实现具有实际性能的可纠错量子计算机。谷歌表示，它计划将在2029年前研发出所需硬件。

图4-6　谷歌建造的量子数据中心

资料来源：美国谷歌

在量子计算机中执行操作的量子门（电路）能使量子比特产生叠加和量子纠缠等现象。当量子门依次连接时，可以实现更大范围的电路，进行更大规模的操作。

新建于圣巴巴拉的量子计算机开发中心将不仅用于开发硬件，而且它将作为量子数据中心提供量子计算机云服务，以便开发配备100万个量子比特的量子计算机。

利用低温稀释冰箱的超导特性，可以将量子比特冷却到接近绝对零度的超低温度。为了研发出配备100万个量子比特的硬件，稀释冰箱的尺寸必须增加几倍乃至几十倍。为此，谷歌建立了一个前所未有的开发基地。

美国 IBM 公司也在为量子计算机开发超导硬件,而美国亚马逊云科技(AWS)也成立了量子计算机开发组织,以开发量子计算机硬件和软件。2020 年 12 月,AWS 发表了一篇关于量子比特纠错技术新方法的论文。

日本也在积极开展可纠错量子计算机的研究,许多日本企业都已经投入该领域的研究,其中包括 NEC 和日立制作所。日本政府"登月(Moon Shot)型研究开发制度"旨在打造出颠覆性创新项目,该研究是该制度的一部分。

日本 NEC 的超导量子装置、东京大学的光学量子装置、冲绳科技大学的离子阱装置、日立公司的半导体装置等,为能在 2050 年找到最合适的软硬件,生产出日本产可纠错量子计算机,各公司在量子装置的开发上各显神通。由于目前正处于摸索阶段,因此同时展开了四个方向的研究。

一般来说,要实现一台可纠错的量子计算机需要 100 万个量子比特。虽然该项目没有为量子比特的数量设定目标,但其中期目标是在 2030 年之前,进行嘈杂中型量子技术(NISQ)和量子纠错技术的实证试验。一旦这些设备的实证试验取得成功,将通过云端向外界提供服务,应用于软件开发等领域。

同时,在 2021 年 4 月,日本富士通和日本理化学研究所成立了 RIKEN RQC- 富士通合作中心,研究和开发量子计算机。富士通公司将派研究人员前往位于日本和光市的理化学研究所,共同开发 1 000 量子比特的超导量子计算机和软件,将通过云平台和其他企业进行共享。中村泰信被任命为该中心主任，他是世界上第一位于 1999 年在 NEC 基础研究所成功运行超导量子比特的研究人员。

图 4-7　站在理化学研究所开发的超导量子计算机前的中村

资料来源：日经 xTECH

2020 年 10 月，日本富士通宣布，与中村团队、日本大阪大学、荷兰代尔夫特理工大学等进行合作，研究和开发可纠错量子计算机。

长仓克枝，中田敦

AI 041——自然语言处理

> 灵活变化对话主题，使计算机像人类一样能自然对话
> 技术成熟度　高
> **2030 年期望值　13.2**

自然语言处理是指计算机对人们通常使用的语言进行处理。

目前正在利用 AI 技术中的机器学习技术，尝试模拟人类的互动，如对话（回答问题）、内容理解（文档分类、检索、总结）和文档生成（包括翻译）等。

根据应用领域的不同，研发出了各种高性能机器学习模型，并进行如网络检索服务、客户服务应用等实际应用。

2021 年 5 月，在谷歌 I/O 开发者大会上，谷歌推出了新款自然语言处理模型 LaMDA（Language Model for Dialogue Applications），以及多任务统一模型 MUM（Multitask Unified Model），前者有望实现自然对话功能，后者有望实现更高级的搜索功能。

在谷歌首席执行官桑达尔·皮查伊发表的主题演讲中，出现了 LaMDA 扮演冥王星角色与用户进行对话的演示。LaMDA 仿照真人自然对话，就像真实的人在交谈一样，能够灵活地改变话题。

图　LaMDA 扮演冥王星角色与人类进行对话

资料来源：截取自 2021 年谷歌 I/O 开发者大会官方主题演讲视频

谷歌还进行了 MUM 的深度演示。首先，用户将事先用智能手机拍下的登山靴照片发送给 MUM，再用英文向 MUM 提问其是否能用于攀登富士山，就会得到"Yes"或"No"的反馈，并且 MUM 还会在英文和日文网站进行搜索，向用户提供一份攀登富士山的设备推荐清单。

上述两个新模型应用了谷歌开发的自然语言处理模型 Transfemer，并在各自擅长的领域各司其职。LaMDA 专注于对话，而 MUM，即多任务统一模型，正如其名称所示，将专注于多语言全面捕获各种类型的信息。

目前，LaMDA 正处于研究的早期阶段，预计在未来它将被纳入谷歌助手、谷歌搜索引擎和商业工具套件等谷歌产品中。此外，谷歌还在探讨将 LaMDA 提供给外部开发者和客户公司的可能性。

MUM 可以同时进行 75 种语言多个任务的学习，比起传统机器学习模型能更全面地理解信息。MUM 首先将被实际应用于检索功能上。当搜索引擎搭载 MUM 时，它将跨语言横向进行文本和图像等信息的检索，并呈现出不同形式的信息。

谷歌的 BERT 模型也使用了 Transfemer，并自 2019 年秋季起搭载在谷歌搜索服务上，但据说 MUM 比 BERT "强大 1 000 倍以上"。

此外，美国开放式人工智能（Open AI）公司将 Transformer 应用于文件生成模型，开发了生成式预训练变压器 3（GPT-3），并于 2020 年 6 月正式发布。Open AI 是由特斯拉 CEO 伊隆·马斯克创立的 AI 发展非营利组织。

GPT-3 已经学习了如何从 4 100 亿个单词中选择合适的单词组成

文章。如果给它一个标题，它就可以生成自然的文章。例如，如果你输入一篇新闻文章的标题和副标题，它就可以生成一篇与之匹配的假文章。

Open AI 招募了 718 名调查员，让他们阅读 25 篇由 GPT-3 生成的假文章和 25 篇由人类撰写的真实文章，即每 2 篇文章中就有 1 篇是假的。结果显示调查员的判断正确率仅为 52%，意味着他们几乎无法判断哪个是假文章。

此外，如果你将程序要求（文章）与相应的程序配对，并将 10~100 个匹配内容提供给 GPT-3 的话，便可以构建自动生成程序的 App。

企业家马特·舒默简单撰写了一篇符合人工智能规格的文章，AI 便根据要求自动生成了一个程序。

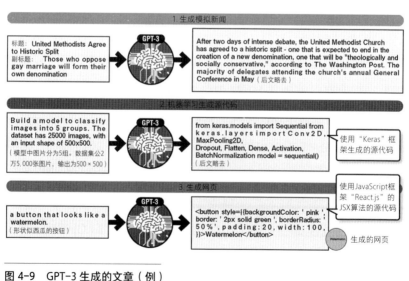

图 4-9　GPT-3 生成的文章（例）

资料来源：Open AI

同样地，企业家 Sharif Shamim 发布了其使用 GPT-3 做的网页布局自动生成应用程序。如果在程序里输入"一个看起来像西瓜的按钮"，程序便会按要求自动生成上述按钮。

此外，创建散文诗，从简单的文章中生成乐谱或进行 SQL 查询等功能的应用程序也不断进入人们的视野中。

根津祯，中田敦

AI 042——AI芯片

> 用于快速处理机器学习等，推断任务的处理器
> 技术成熟度　中
> 2030 年期望值　17.9

机器学习通过数据训练模型来识别图像和理解语言，为了加快机器学习的处理速度，各公司纷纷采取行动，开始研究专用的处理器。

为了比较各公司开发的 AI 专用芯片的实际处理性能，新的测试基准（处理性能的指标）应运而生。

MLPerf 是目前主流的机器学习测试基准之一，由美国 ML Commons（2020 年 12 月由 MLPerf 联盟更名）制定。该组织是应谷歌、中国百度、美国哈佛大学、美国斯坦福大学和美国加州大学伯克利分校的邀请成立的非营利性组织。

机器学习的处理性能分为训练（training）和推理（inference）两个类型，MLPerf 基准测试的训练和推理的结果分别在每年夏天和秋天公布。

图 4-10　大卫·帕特森在谈论 MLPerf
他是加州大学伯克利分校一名长期任职的教授，
他创造了 RISC 处理器，参与了谷歌 TPU 的开发

资料来源：日经 xTECH

2021 年 6 月，MLPerf 发表了图像分类、医学影像分割、轻量物体检测、重量物体检测、语音识别、自然语言处理、智能推荐和强化机器学习这 8 个任务的运行和训练时间测试结果。测试结果将模型训练时间作为指标，这也是业内常用指标，能够让机器学习从业者很快理解测试结果。

谷歌的一款搭载专用于机器学习的处理器 TPU（Tensor Processing Unit）v4 的集群在进行 MLPerf 基准测试后，将其与英伟达（NVIDIA）集群的测试结果进行了比较，并表示 TPU v4 在四种任务下表现出色，在两种任务下表现比分落后。

英伟达参与 8 种任务测试的是其机器学习专用 GPU（Graphics Processing Unit，图形处理单元）A100 集群。而谷歌没有语音识别和强化学习的分数。最终结果是谷歌和英伟达各获四场胜利（其中有两场英伟达不战而胜），双方打成平手。

中田敦

AI 043——AI语音转写

> 将一个小时的音频 5 分钟内转换为日文文本
> **技术成熟度　高**
> **2030 年期望值　4.2**

越来越多常见的应用程序和服务开始使用 AI 和机器学习，以提升性能。例如，现在有一项服务可以在约 5 分钟内将 1 小时的日语音频转录成文本。

2020 年 9 月开始，Rimo Voice 专门为日语提供语音转写服务。用户只需把音频或视频文件上传到浏览器，转写就会自动开始。一个小时的音频文件大约在 5 分钟内完成文字转写，并且转写精准度高，操作也方便。该系统可以理解文章整体内容，并将整体以块状进行切分。此外，系统还会将音频中无意义的"那个"和"哦"之类的内容删除，不进行转写。

转录的文本与原始音频数据相对应，附有跳转链接。因此，即使是长时间的音频，也能根据文本立刻跳转到对应的音频部分进行确认。你也可以立即查看自己感兴趣的语音。当查看会议记录或产品用户访谈内容时，该功能可用于确认说话人的语气。

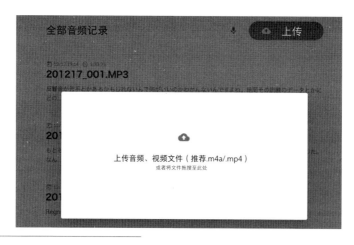

图 4-11　Rimo Voice 页面
文件被上传后会自动开始语音转写

资料来源：Rimo Voice

该服务的定价为每 30 秒的音频文件 20 日元，每 30 秒的视频文件 30 日元。也就是说，音频文件的收费是每小时 2 400 日元。该服务还为企业用户推出了 10 万日元的套餐服务，每月可累计使用 40 个小时的音频转录服务。

此服务推出以来，仅 2 个月的时间便吸引了超过 5 000 的用户，被用来转录会议、作家和编辑的采访、在线研讨会讲座、视频中的音频、广播节目和电话销售等内容。

神保重纪，小口正贵

AI 044——AI语音服务

> 免费生成自然的视频用语音和幻灯片文本朗读语音
> 技术成熟度　高
> 2030 年期望值　15.6

计算机辅助语音合成是我们日常能接触到的、使用了机器学习技术的高性能服务。

可以用预设的合成声音流畅地朗读手稿，以及演示材料中的文本和文字，也可以合成名人或自己的声音，并用这个声音来读出文字。

CoeFont CLOUD 是一项致力于将声音变成像文字字体一样可供用户选择的语音合成服务，并于 2021 年 7 月正式推出。该服务由 Yellston 公司提供，社长是东京工业大学在读生早川尚吾。

CoeFont CLOUD 的名称意味着声音的"字体"，允许用户录制自己的声音，仅需要收录约 15 分钟的声音就能够合成本人声音，并用以假乱真的合成声音朗读文本或资料。

合成语音的语调、口音、速度和音调，都可以进行简单调整。此外，该服务将"不会生产淫秽语言和歧视性的言论"。

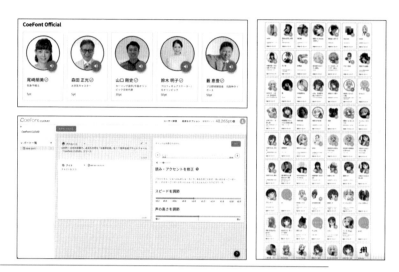

图 4-12　AI 语音服务 CoeFont
用户可以使用本人上传的声音或系统自带的播音员、运动员等的声音

资料来源：Yellston

创建 CoeFont 的费用为 500 日元。Yellston 称，目前要合成五天的自然语音，需要收录 10 小时以上的声音，花费大约 50 万日元。

此外，还可以使用 CoeFont CLOUD 公开的名人和其他用户的 CoeFont 来制作配音解说。如果使用了用户注册的 CoeFont，该用户将根据朗读的字数返还金额。

Yellston 在此前曾免费提供 CoeFont Studio 服务，用户可以使用系统自带的数字角色的声音来朗读文本。而 CoeFont CLOUD 则是收费服务项目。

田村规雄

AI 045——使用AI进行无代码开发

> 自动化的机器学习训练数据创建、模型开发和运行维护
> 技术成熟度　高
> 2030 年期望值　15.3

使用 AI 和机器学习创建服务和系统的工具正在不断发展。这些工具支持整个开发过程，以及成品系统的运行和维护。

利用工具可以将开发、维护和运营中所需要的任务自动化，运用 AI 进行开发将更为轻松。而在这之前，AI 开发一直受制于特定的流程和对专业知识的需求。

通过机器学习进行开发、运营和维护服务及系统的过程，可分为"训练数据的创建""模型的开发"和"模型的运营和维护"三部分。

让我们以 DataRobot、亚马逊云科技（AWS）和微软这三家美国公司的工具为例，来了解一下上述过程的步骤。

训练数据的创建涉及"数据收集和处理"以及"数据标记"。例如，有一些工具可以处理来自 AWS 上各种数据源的必要数据，并将它们输出到数据存储中。工具中内置了 300 多个处理过程，可以进行重命名和删除数据等任务。

如果收集和处理后的数据可以作为训练数据使用，则会将此类数据传输给配备训练功能的工具，自动进行训练、配置、运行和维护过程。

新未来：改变世界的100项技术

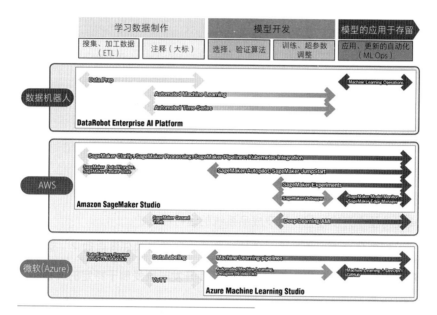

图4-13 美国DataRobot、亚马逊云科技（AWS）和微软的主要AI开发、运营和维护支持工具

资料来源：日经计算机

DataRobot和微软还提供了无代码也能进行的数据收集和处理功能，可以自动将数据传递给后续进程。

如果收集的数据不能进行直接使用，就将进入"数据标记"过程。比如，AI对画面中的物体进行判定，将画面中有猫的图像贴上"cat"标签，画面中有狗的图像贴上"dog"标签。

AWS还推出了根据图片中的内容和文字内容进行标注的专用页面作为支持服务。此外，还有一些服务是使用外部供应商来进行数据标记任务。

之后的流程便是模型的开发。上述三家公司为此提供了自动选择算法和自动调整模型参数的功能。

从 2021 年 1 月起，用户可以在微软公司的模型开发流程中，根据模型用途选择分类、回归和时间序列预测等任务，系统会自动选择候选算法。在该流程中，系统将会自动创建不同算法和参数的模型，并输入数据进行训练和测试评估，进而进行结果比较，从中确定最佳算法和参数。此外，用户还能利用其他工具，准备自己的算法和库，并创建和执行训练和测试评估过程。

当模型进入运行和维护阶段时，系统将会检测模型，并在必要时对其进行更新。这是因为，在模型建立后，推断的准确性会随着时间的推移而下降。

DataRobot 准备了一款可以同时检测所有开发机器学习模型的工具。监测项目包括规范性（表明模型在过去 24 小时内是否正常工作）、数据漂移（表明训练数据与实际运行数据之间的偏差）和模型的准确性（随着时间的推移评估推断的准确性）。

每个模型可以显示每个项目的状态，绿色指示器表示正常，黄色表示需注意，红色表示异常，可以根据颜色指示知晓何时应重新训练模型（如下图所示）。

此外，微软公司也提供了可以进行工作规划、日志跟踪和修改模型的支持服务。为了检查模型的偏差，并确保模型的公平性，微软用图表的形式显示哪些模型的组成部分在何种程度影响了模型的决策。

正如我们所见，AI 开发工具提供了支持模型开发和运行维护过程的功能。以此三家公司为典型的众多公司将继续加强其 AI 工具的功能，可以期待在未来将出现更强大的新功能，使 AI 开发变得更为简单便捷。

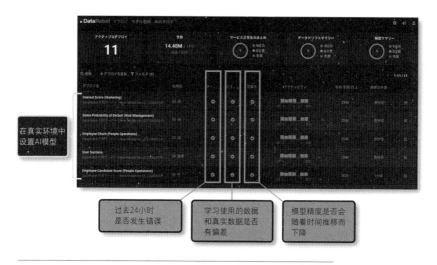

图 4-14　美国公司 DataRobot 的工具可以集中管理 AI 模型的状态

资料来源：DataRobot Japan

贵岛逸斗

虚拟化 046——数字孪生

> 网络空间中复制真实世界的城市、产品和个人
> 技术成熟度　中
> 2030 年期望值　4.5

Digital Twin，即数字孪生技术，已经在制造业中率先进行使用。现实世界的产品和计划在计算机上得以虚拟再现，能够进行模拟操作，并能上传和维护使用状态相关的数据。

目前该技术正在向更大范围的应用拓展，以求创建城市内所有物和人的大规模数字孪生。

日本 NTT 正在通过实时收集城市交通、各种基础设施和人的数据，并将其反映在高精确度的 3D 地图上，建立一个数字孪生体。

其目的是解决各种社会问题。例如，通过将城市的数字孪生与自动驾驶汽车的传感数据相结合，创造一个没有交通堵塞的社会。

此外，数字孪生概念中还包括名为"Another Me"（另一个我）的构想，即在虚拟空间中再现个人的个性、记忆和想法，并与他们分享经验，以产生新的想法，并支持决策。

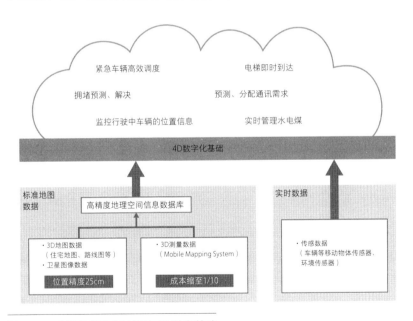

图 4-15　支持数字孪生计算的 4D 数字基础

资料来源：以 NTT 的资料为基础由日经 xTECH 整理制成

NTT 将在 2025 年实现城市数字孪生体的交通拥堵预测,并在 2027 年实现 Another Me。

NTT 将提供一个能够处理从人到货物的大量数据的通信基础设施。此外,NTT 将积极与各合作伙伴共同合作,开发数字孪生所需的技术。

超高精确度的 3D 地图是在 4D 数字基础①上推进开发的,其目标是将误差控制在 25 厘米内的精确度,达到能够区分机动车道和人行道的边界的程度。各种类型的传感数据将被纳入该地图,并用于交通拥堵的预测和对电力、水及天然气的实时管理。

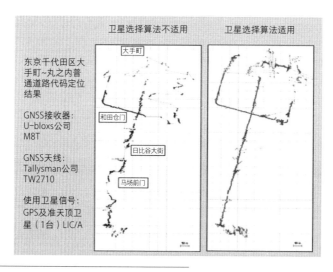

图 4-16 使用卫星选择算法以提高定位精确度

资料来源:NTT

① 4D 数字基础实时收集关于人、物和事的各种传感数据,以高度的准确性匹配和整合"纬度、经度、高度和时间"四个维度的信息,并实现与多样化工业基础设施的数据整合和未来预测。

第4章 IT

4D 数字基础使用日本善邻公司拥有的道路和建筑信息，以及 NTT InfraNet 收集的全日本 3D 地图，该地图原本用于基础设施维护和管理。此外，NTT 还将开发自动选择用于定位的卫星信号的技术，并提高精确度。

NTT 计划从 2022 年开始分阶段实施 4D 数字基础。同时，对于人类数字孪生子，NTT 正在与大学和医疗机构合作，开发能够检查身体内部的传感器设备。NTT 与日本早稻田大学正在联合开发深层体温传感器，将其贴在额头表面，能比皮肤温度更准确地测量深层体温。

该公司还在研究心脏的数字孪生体，以检测人体心脏衰竭的迹象。该系统将从 MRI 图像中创建的心脏 3D 模型与来自传感器的定量数据（如心跳声等）相结合。利用 AI 的自动分析确定每个人的心脏是否处于正常状态。在未来，预计该系统还将能够提供远程在线医疗服务。

由 NTT 等公司开发的可穿戴传感器设备将收集人体的定量数据。该设备结合可以测量心跳的远程听诊器和可以内置心电图传感器的可穿戴 HITOE 设备。远程听诊器类似背心内衣，上面附着 18 个声学传感器，穿上后便能捕捉包括心跳在内的声音，并将心跳数据传输给智能手机、平板电脑和其他设备。

由日本东丽和 NTT 联合开发的 HITOE 可穿戴式心电图测量系统，可以连续测量心电图两周时间。根据获得的测量数据与心脏核磁共振图像创建的三维形状，便可以创建一个心脏数字孪生体。

重现人类内在生活可以说是该技术的最终目标。通过深度学习等方法对人类的基本形态(包括内在生活)进行建模,并添加个人特有的模式来实现该目标,或者通过分析大脑和身体的生理学来创造数字双胞胎,使其内在生活更接近个人的生活。

久保田龙之介

虚拟化 047——3D 城市模型

> 在模型中添加名称、用途、结构等,获取的测量信息
> 技术成熟度　中
> 2030 年期望值　12.5

对城市进行测量调查后建立几何模型,并附上建筑物的名称、用途、结构、建造年份等各种信息,便能够创建 3D 城市模型,可以在计算机上准确地再现城市本身,即城市的数字孪生体。

城市数字孪生体可用于各种模拟测试,如预测人流和车流等。

"Project PLATEAU"是一个 3D 城市模型开发项目。该项目于 2021 年 3 月开发了日本全国 56 个城市的模型。任何人都可以从促进基础设施信息传播委员会的 G 空间信息中心下载系列的数据。按照页面指导,可以轻松使用 3D 城市模型浏览器 PLATEAU VIEW。

PLATEAU 是日本国土交通省重点推出的项目,它将以几何(geometry)模型再现城市形状,并与显示建筑物和街道的用途、高

度等信息的语义数据模型相结合。为了提供语义信息,该系统使用了"cityGML"国际标准描述语言。

图 4-17　附有建筑用途、高度等信息的 3D 城市模型

资料来源:以日本国土交通省资料为基础,由日经建筑整理制成

3D 城市模型将有助于预防灾害等。日本国土交通省正专注于开发其应用领域,并在 2021 年 3 月介绍了 44 个具体使用案例。其中的一个案例介绍了如何利用 3D 城市模型进行虚拟疏散演习和无人机物流路线设置。

图4-18　利用3D城市模型确定避难路线

资料来源：日本国土交通省、日本森大厦株式会社

日本森大厦将虎之门之丘商务大厦的建筑信息模型（Building Information Modeling，BIM）与PLATEAU的3D城市模型相结合，创造了一个连接室内和室外的虚拟空间，以应用于应急疏散演习。

利用这个虚拟空间，可以模拟人们在灾难发生时的行为，并将人们停留的情况可视化，用以探究适当的疏散方法。该系统中还内置了将虎之门周边建筑物根据建筑年龄进行颜色区分的功能。发生地震时，工作人员可以利用这个功能引导群众避开可能倒塌的建筑物。

商务大厦的工作人员能够对通往附近日比谷公园的疏散路线进行确认，并模拟从室内疏散到公园时可能发生的拥挤情况。据日本森大厦称，部分应急疏散演习已经可以由虚拟演习取代。

与此同时，开发无人机和AI的初创企业A.L.I. Technologies，使用3D城市模型在高楼林立的东京站周围进行了一次飞行模拟，以确保现实中的安全和高效的无人机飞行。

第 4 章　IT

图 4-19　利用 3D 城市模型进行飞行模拟

资料来源：日本国土交通省、A.L.I. Technologies

该公司在地图上分别选择起飞和降落两个地点，并检查是否有可能自动计算出一条符合避障规定的飞行路线。该规定要求飞行器与建筑物需保持至少 30 米的距离。

PLATEAU 的模型中包含准确的建筑物高度，可用于初步核实飞行路线。该公司的无人机控制系统已进行了改进，导入了模拟飞行生成路线的功能。这将减少前往现场进行确认的时间，减轻设置飞行路线工作的负担。

川又英纪

虚拟化 048——IOT改造

利用 IT 对使用多年的制造设备进行管理的方法
技术成熟度　高
2030 年期望值　7.3

IoT 改造是对还在工作场所运转的旧机器进行的改造,使得可以用计算机控制旧机器,并记录它们的运行状态。增加旧机器或设备的功能叫作改造,而 IoT 改造则是改造的数字版。虽然 IoT 改造包括了"IoT"一词,但并不意味着所有被改造的物体都需要连接到互联网。

通过数字技术来推进业务改革的方式也逐步应用到了制造车间。虽然很多古老的机器尚能正常工作,但是很难通过计算机来进行控制和管理。

自 2020 年开始,位于日本山形县鹤冈市的印刷电路板(PCB)制造商 OKI Circuti Technology 公司,将其运行了 20 多年的模拟设备接入网络,作为其工厂自动化的一部分,从而能够使用数字数据设定生产条件,并进行质量记录。

OKI Circuti Technology 还将实现转换过程的自动化,以生产 10 层以上的高难度电路板。蚀刻工艺线和热压机设备(用于层压工艺)将是数字化转型的第一批对象。

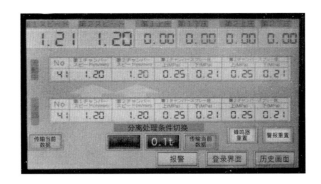

图 4-20 触摸屏上的数字化设置页面

资料来源:日经制造 图片已经过梯形校正

图 4-21　蚀刻工艺线的控制板按传统方式放在三个独立的位置

资料来源：日经制造

图 4-22　"骰子""照度"和"按钮"传感器

资料来源：村田制作所

当工件（PCB 基材）被装入蚀刻工艺线时，所附卡片上的条形码可由操作员从触摸屏上读取，从而可以设定喷雾器、传送带等三个设备的数值。在这之前，操作人员必须走到三个设备控制板所在的地方进行手动设置。

至于层压过程，则是在热压机的控制单元中安装了一个数据记录器，以便在计算机上保存加工过程的质量记录。未来将引入一个系统，将质量记录中的数据与参考值进行比较，如果两者在存较大差异，则会发出警告。

在过去，连接在控制单元上的笔式记录仪直接在图表纸上画下数据，并保存图纸。而如今，笔式记录仪从控制单元接收模拟信号，经过数字转换，然后直接传输给数据记录仪。

许多公司也关注到了 IoT 改造市场，并推出了相关服务。2021年 2 月，村田制作所和软件开发商 ACCESS 推出了 JIGlet 服务，使中小型制造商能够轻松地用数据监控其工厂设备的状态。

该服务包含三种类型的传感器，可以与设备、机器结合使用，分别是骰子型设备、照度和按钮设备，它们都有内置的 LTE，只需打开电源就能连接到云端，并且可以通过读取管理终端平板电脑上附着的 QR 码来使用。

骰子型设备可以传达现场状态，每一面都标有贴纸，如设备运行、等待零件、故障停止等，现场操作员通过向上转动特定的一面来提醒情况的变化。

照明设备可以检测到灯光的开启或关闭，并对变化进行通知。当生产设备三色按灯系统中的绿灯（表示正常）亮起时，便可以监测和统计设备的运行状态。

在生产车间检查的工作人员如果发现了有缺陷的产品，便可以通过按下按钮装置进行报告。此外，工作现场还安装有平板电脑，可以在其管理界面以图标方式显示机器运行状态。

这项服务的开设账户初始费用为 15 万日元，每台设备的初始费用为 3 万日元。每个设备的月租费用是 3 500 日元。

木崎健太郎，小林由美

高速化 049——光电融合

> 将电信号切换到光信号进行处理，实现低功耗
> 技术成熟度　低
> 2030 年期望值　12.5

光电融合技术是结合光信号和电信号的技术。该技术利用光可以低能耗传输的特点，将计算机中过去由电信号处理的信号传输和信息处理转换为光信号处理。

数据中心的电力消耗是一个难题，通过该技术可以节约电力。相应地，计算机的外形也将发生重大变化。

NTT 正在研究光电融合技术，并计划到 2023 年，首先将光电融合模块配置在大规模集成电路（LSI）等设备附近。该模块支持光信号和电信号之间的相互转换，可以让光信号在服务器内进行传输。

NTT 计划下一步将对光电融合设备进行小型化和密集化研究，以便在 2025 年前后可以将其安装在硅质电路板上。如果多个 LSI 和光发射/接收电路可以封装在一个设备中，LSI 之间便可通过光信号进行通信。

从 2030 年起，将利用纳米光子学和微细加工等手段，使光信号可以进行一些芯片信息处理工作。

图 4-23　NTT 披露的光电融合模块模拟图

资料来源：日经 xTECH

NTT 在 2020 年 11 月举行的研发活动中，展示了光电融合模块的模拟图。从图中可以看到，光电融合模块紧密部署在 LSI 周围。

（日经 xTECH、日经电子：野野村洸）

高速化 050——日本本地5G（Local5G）

> **普通企业提供的私人 5G 网络**
> **技术成熟度　中**
> **2030 年期望值　8.6**

日本本地 5G（Local5G）是一种日本私人 5G（第五代移动通信系统）网络。日本普通公司和团体申请取得无线电台许可证后，只能向申请公司的建筑和场所等特定地点发射信号。

日本本地 5G 用户仅限于取得许可证的公司员工等人员。系统集成商和电信公司也可以获得许可证，构筑和运营本地 5G。

从 2020 年 12 月起，日本可用于本地 5G 的频率范围增加，相应地，无线电台许可证的申请也在推进，进而衍生出各种相关产品，以及支持网络设计和建设的相关服务，因此亟须对相关环境进行整治。

公共网络之外，人们也有对自营网络的需求。例如，"恒定限定区域的带宽"和"灵活的网络设计"等需求，又或者是对信息安全和紧急通信等的需求。

使用频率可以从日本总务省为本地 5G 分配的频率中选择。2020年 12 月，日本总务省为本地 5G 追加分配了 300MHz 宽度的 4.7GHz 频段和 800MHz 宽度的 28GHz 频段，总计有 1.2GHz 宽度。这比原来在 28GHz 频段只分配 100MHz 宽度的可用频率带宽增加了 12 倍。

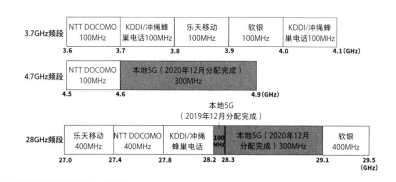

图 4-24　分配给本地 5G 的频率

资料来源：日经 xTECH 制作

4.7GHz 频段被称为 Sub-6，28GHz 频段被称为毫米波。Sub-6 可以使用较低的频段建立一个相对较大的区域。毫米波使用大量的频率带宽，可以进行超高速和高容量的通信。

但要注意的是，从 2020 年年底开始新增的本地 5G，可用频段有些只能在室内使用，而能在户外使用的频段并不多。

山崎洋一

高速化 051——超宽带（UWB）技术

> 美国苹果公司用于防止丢失 AirTag 上的超宽带无线技术，再次引起人们对此技术的兴趣
>
> **技术成熟度** 高
>
> **2030 年期望值** **5.3**

超宽带（Ultra-wideBand，UWB）技术具有较高的定位和测距精确度。苹果公司于 2019 年在 iphone11 系列中采用 UWB 技术，使得 UWB 技术进入消费者视线，并得到推广使用。

FiRa 联盟是一个与 UWB 相关的行业协会。除了苹果公司之外，谷歌也加入了 FiRa 联盟，使得 UWB 技术有望得到进一步普及。

UWB 在 21 世纪初进入人们的视线，一直被用于制造业的位置跟踪，但很少被用于普通消费产品。

2021年4月,苹果公司推出了AirTag,这是一款使用了UWB技术的物品追踪器。在更早的2020年时,Apple Watch Series 6腕表设备、iPhone 12系列和Homepod mini智能音箱就搭载了UWB通信功能。

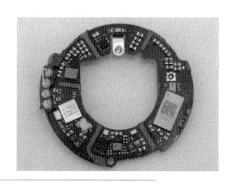

图4-25 苹果公司AirTag物品追踪器的内部构造
UWB通信U1芯片位于大型芯片组件的右侧

资料来源:日经xTECH

谷歌在2021年正式推出的安卓12系统也支持UWB技术,生产安卓设备用半导体元件的美国公司高通也加入了FiRa,这将会加速安卓设备中使用UWB技术的趋势。到目前为止,韩国的三星电子已经在其安卓手机系统中加入了UWB通信功能。

苹果和谷歌的产品已经开始采用UWB技术,有望实现高精确度的定位和测距。根据使用的地点和方法,UWB最高可以将测距和定位精确度提高到10cm左右。测量时间也只需几毫秒。而蓝牙在这两方面则无法企及。

此外,包括日本在内的许多国家放松了对UWB技术的管制,允许在户外使用UWB技术。UWB的IEEE 802.15.4标准包括增强安全功能，这是扩大UWB应用范围的前提，相关技术环境已经开始迅速整顿。

FiRa于2019年成立，目的是建立UWB产品之间的互操作性，并在IEEE 802.15.4等标准的基础上编制了改进互操作性的规范。在未来，将正式规定规范，并准备互操作性认证方案。

2021年4月，苹果公司向半导体制造商公布了其用于UWB通信的U1芯片苹果UWB技术的规格，并公开技术使用权。研发UWB通信半导体的公司通过FiRa平台进行讨论，为互操作性铺平道路。

苹果公司在UWB通信领域独自开发了U1芯片，并且已经卖出了超过1亿台配备该芯片的iphone设备。因此，FiRa制定的互操作性技术规范极有可能反映了苹果的意图。

根津祯

第 5 章

工作与生活

与人相关的所有活动都将发生变化

在上一章中，提到 IT 的本质是虚拟化。虚拟化意味着虽然不是真实的，但是提供了能"以假乱真"的物体和事物（经验）。IT 虚拟化在金融领域的应用已经产生了虚拟货币（加密资产）和数字证券。当应用于流通环节时，它以虚拟商店或电子商务（EC）的形式出现。

展望未来十年，与人类情感方面相关的应用还具有很大的发展潜力。即使目前还不可能创造出一个与本人完全一样的数字孪生人，也有可能使个人情感和人际关系变得可视化，并利用这一点来改善人们的行为和关系。虽然几乎每个人的智能手机上都有社交应用软件，但对特定条件和环境的需求依旧存在，尚待解决。在未来，还会出现应用场景更加细分的 App。

IT 虚拟化的应用也延伸到了空间。VR 和 AR 技术是在人体周围空间创造虚拟仿真场景的技术。

环境智能这一术语在很久以前就出现了，如今它正在成为现实。它指的是人们周围的环境和空间变得智能，并能与人协同工作。相关技术正在不断出现，推动环境智能的实现。

SDGs——使用技术充实人们的思想和学习

对待与人思想相关的技术需要十分谨慎。如果能用技术改善职场人际关系，维护心理健康，带来心灵宁静的话，将有利于"确保健康的生活方式，促进各年龄段人群的福祉"。

人们对利用IT实现学校的虚拟化也寄予厚望（以便学生可以在任何地方进行学习）。技术对实现SDGs的第四个目标起到重大作用，该目标内容为："确保包容和公平的优质教育，让全民终身享有学习机会。"目前社会上正在努力开发低价教育用数字终端，并扩大其通信网络。

图 5-1　SDGs 目标

资料来源：联合国新闻中心

金融・流通 052——非同质化代币（NFT）

> 将不能替代的数据作为数字艺术等的鉴定书或认证书
> 技术成熟度　高
> 2030 年期望值　5.7

NFT 的全称是 Non-Fungible Token，中文翻译为非同质化代币，意味着它是不可替代或者交换的数据。

NFT 能够证明数字资产价值的真实性，具有数字鉴定书或认证书的功能。

NFT 与比特币等加密资产一样，使用了区块链（分布式账本）技术，交易数据在大量可联网计算机之间共享，因此极难被人为篡改。

日本网络公司 Mercari、日本 GMO Internet 等公司已经宣布进入 NFT 市场，开发其底层技术，并认为 NFT 是数字内容的一种新流通手段。加密资产信息网站 The Block 的数据显示，自 2021 年 1 月以来，发行 NFT 数字内容的交易数量迅速增加。

NFT 是遵循以太坊 ERC721 标准发行的加密资产。根据该标准发行的代币可以携带独特的 ID、所有权信息、代币本身的数量，以及向特定人交付代币等信息。每一枚 NFT 都可以表明它的持有者和地点，因此，没有哪两个代币是相同的。

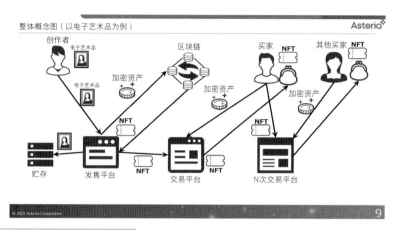

图 5-2　NFT 交易的总体情况

资料来源：ASTERIA

　　NFT 的发行数量可以被限定，并可以在每次交易时向版权人支付费用。例如，MERCARI 可以将其跳蚤市场 App 上可买卖的物品范围从实物商品扩大到数字内容，如此一来，平台上出售的物品越多，返给卖家的利润就越多。

　　运营商在其网站专门页面注册内容，输入所有者的参数等信息后，便能发行 NFT。

森冈大地，玉置亮太

金融·流通 053——数字证券

> 使用区块链等方式发行的合法证券

> **技术成熟度　高**
> **2030年期望值　3.4**

越来越多的公司参与了被誉为"安全令牌（Security Token）"的数字证券市场，并进行了发行活动。

这使得企业能够更容易地掌握投资者的信息。一些公司还希望能够通过授予积分的形式来获取忠实客户。

客户的喜好也从传统的"利益至上"转移到"体验至上"，因此企业也在努力扩大可投资领域。

位于日本神奈川县叶山町的古朴民宿平野邸HAYAMA由日本房地产中介Enjoy Works运营，并利用众筹方式从投资方筹集资金。其中，旅馆经营所得的住宿费等利润将分配给投资者。

为了证明投资方在基金运营期间可取得的企业利润（投资份额）权利，该公司向投资者发行了"安全令牌（Security Token）"数字证券。"安全令牌"使用了高度安全的区块链技术，无须第三方认证就能证明拥有者的权利，并可以更方便地向其他投资者转让。Enjoy Works项目中的安全令牌将由物业信息服务机构LIFULL与Securitize Japan合作发行。

越来越多的公司正在考虑发行这种数字证券。野村资本市场研究所的数据显示，2019年，安全令牌募集到的金额约为4亿美元（约4 200亿日元）。

图 5-3　神奈川县叶山町的古朴民宿平野邸 HAYAMA，投资者拥有其运营公司发行的安全令牌

资料来源：Enjoy Works

尽管安全令牌在日本发行的数量仍然有限，但日本的《金融商品交易法》和《不动产特定共同事业法》为安全令牌的发行创造了环境。2020年5月日本政府对《金融商品交易法》进行了修订，明确安全令牌拥有"电子记录转让权"，赋予其与股票和债券等有价证券同等的地位。

小原拥，大川原拓磨

金融·流通 054——日本商业数字货币

> 由日本商业银行向企业和个人发行，通过数字钱包进行资产管理

> **技术成熟度　高**
> **2030 年期望值　6.9**

数字货币研究会（现在的数字货币论坛）正在对数字货币的整体情况进行整理。参加该研究会的包括一些日本巨型银行[①]和 JR 东日本。

日本第一个数字货币最早可能会在几年内发行。

数字货币研究会（现在的数字货币论坛）提出了双层架构。

第一层是与所有用户相关的"公共区域"，执行数字货币兑换的基本功能。预计将由发行数字货币的商业银行完成准备工作。每个银行将吸纳消费者和企业的现金存款，并发行数字货币。

为了支撑数字货币的信用体系，各银行将管理与数字货币支付金额相等的现金。与发行金额相当的数字货币将从日本银行存款中另外计算同等价值的资金以作担保。无论是何种方式，都属于与 CBDC（日本央行法定数字货币）有所区别的体系。

第二层是"附加领域"，通过智能合约使运营商之间特定的交易能自动进行。相关企业将参与到必要的系统开发中。

以制造商向零售商交付货物为例，零售商验收货物时，付款所使用的数字货币就将自动支付到制造商和承运人账户。

---

① 是日本经济业界用语，用来指拥有巨大资产与营收的银行集团。

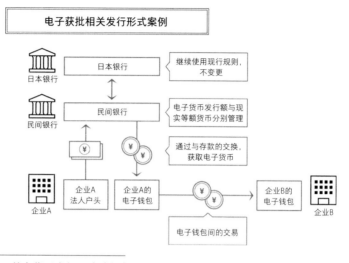

图 5-4　数字货币发行形式（例）

资料来源：以数字货币研究会的资料为基础，由日经 FinTech 整理制成

对于使用数字货币的公司和个人来说，数字钱包的功能等同于银行账户，能实现交易者之间的直接资金转移和支付。并且数字货币可与 Suica 和 PayPay 等无现金支付服务并存。

冈部一诗

金融·流通 055——对话式商务

消费者通过社交软件直接从企业和商店购买商品
技术成熟度　高
2030 年期望值　1.5

越来越多的日本企业和商店通过 LINE、FACEBOOK、微信等社交软件，与消费者取得一对一的联系，并促进其消费。

他们通过发起会话向消费者介绍推荐的产品，并积极回应客户的问题，打造亲密的客户服务体验。

社交软件已经成了人们日常生活中每天使用的工具，并成为构筑社会关系的基础。如果无须另外下载新的 App，在日常使用的 App 中就能进行购物的话，那么 EC 商家就不需要再开发独立的电商 App。

EC 商家可以使用聊天软件向客户发送消息，还可以创建新的销售机制，并使用 AI 的数据分析和互动聊天等功能。通过聊天机器人，商家能够实现 24 小时一对一对接客户，而这是电商平台难以做到的。

例如，微信在全球拥有 20 多亿用户，在欧洲、南美、印度和非洲最受欢迎，其中在印度有超过 4.3 亿用户，可以说极大多数的智能手机用户都在使用微信。

印度 MEESHO 电商平台主要经营服装、家电和电子产品，并通过微信将 200 多万转售商与他们的客户联系起来。

大多数转售商是家庭主妇，80% 的用户是女性。许多人购买他们的第一部智能手机就是为了使用 MEESHO。

森冈大地，谷岛宣之

金融·流通 056——餐饮数字化

> 在餐厅使用智能手机进行非接触式点餐
> **技术成熟度** 高
> **2030 年期望值** 2.3

许多公司都在争先恐后地投入竞争激烈的智慧餐饮业技术的研究中，打造利用智能手机便能进行点餐的新模式。

由于新型冠状病毒肺炎的流行，消费者不仅有打包用餐和外卖用餐的需求，而且也需要店里提供非接触式服务。

目前的解决方案关键在于把技术与现有业务衔接起来。

位于日本东京的 Crisp Salad Works 是专门定制沙拉的餐饮店，大多数顾客通过专门的智能手机 App 下单付款后，自行来店取餐。除少数门店外，不接受现金支付方式。

目前已有 6 万多人注册了该 App。顾客可以从 App 中为他们的沙拉选择配料和调味品，也能选择喜欢的食材制作专属沙拉。

客户通过 App 前往店铺消费后，App 上就会显示"你真有品味"或"你是 Crisp 认证的沙拉设计师"等评论。

该 App 是由 Crisp 的工程师开发的。Crisp 称其受到许多外卖店的询问后，才推出了该线上点餐 App，提供外卖服务。

外卖店也面临着压力，亟须借助其他手段来吸引顾客。由于新型冠状病毒肺炎的流行，已经很少有顾客走在路上就能够被招牌吸引入店,或通过美食网站预订餐厅座位就餐的。

图 5-5　沙拉定制餐饮店 Crisp Salad Works 推出的线上点餐 App

资料来源:日经 Business

由 Dining Innovations 子公司经营的日本"蓝星汉堡"(Blue Star Burger Japan)也使用了类似的移动点餐系统来提供外卖服务。店里没有专门负责点菜的服务员和收银员。

鹫尾龙一

思想分析 057——幸福感测量

> 利用智能手机检测人体不自觉出现的身体运动,以此计算幸福度
> **技术成熟度**　高
> **2030 年期望值**　3.4

该系统利用智能手机等设备中的加速度传感器，监测人们在感到高兴或紧张时不自觉出现的肌肉运动，并根据运动模式计算出幸福度。

此外，甚至可以通过收集闲聊时的点头等个人行为数据，并与幸福度相比较，来确定组织内人际关系的质量。

可以期待，在未来，幸福水平可视化技术的应用将催生出各种新业务。

2020年7月，日本日立公司成立了新公司"幸福星球"（Happiness Planet），该公司专门研究可视化幸福水平，并创造商业价值。矢野和夫担任首席执行官。他参与开发使用加速度传感器测量幸福感的技术已有约17年。

随着智能手机的普及应用、所获取数据的积累，以及数据分析环境的完善，幸福可视化技术的准确度得到了提高。

矢野CEO认为幸福感测量技术可以应用于各种行业。

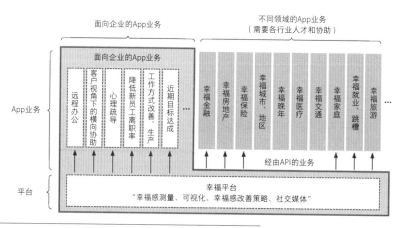

图5-6 由"幸福感可视化"技术衍生出来的各种事务

资料来源：以幸福星球公司的资料为基础，由日经xTECH制成

在制造业方面，通过这项技术，能够确定用户对环境或人际关系等的满意程度，了解用户对旅行和购物方面等感到满意的点，打造智慧城市，提供新型服务。

在金融服务方面，公司不仅为客户带去收益，还能知道客户是否对金融服务感到满意。

如果能为在医院或护理院中接受治疗或康复训练的患者提供舒心服务，或许能提高治疗或康复的效果。

野野村洸，内田泰

思想分析 058——快乐科技（情感推测等）

> **利用摄像机或传感器等监测面部表情和行为，对情感（例如喜悦）进行判定**
> 技术成熟度　中
> 2030 年期望值　3.1

离"快乐科技"遍布人类生活的日子不远了。它将给人类带来幸福。

这项技术使用传感器和 AI 来捕捉人们的面部表情、生物识别数据和行为，并对数据进行分析，进而推断目标群体的喜悦、愤怒、悲伤和困惑等情绪。利用这项技术，就可以根据用户的情感对产品进行个性化定制。

很多公司和研究机构正急于开发情感推测技术。情感驱动而非数据驱动的发展时代已经到来。

该技术可以应用于各种场景，如汽车、城市、学校、家庭、工作场所、体育场、运动场和剧院等。通过将情感推测技术应用于各种人际互动场景，可以提供个性化需求的产品和服务，实现使客户更幸福（快乐）的目标。

现阶段，该技术尚停留在通过分析摄像头和各种传感器的信息来估测情绪的阶段，但随着未来技术的进步，将很快迎来这样一个世界：在日常生活的各种场景下，了解用户对产品和服务的情绪，并实时传达适当的反馈。

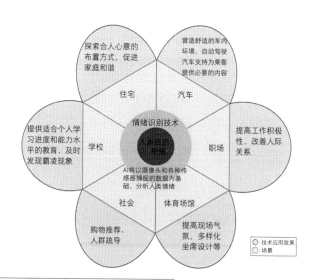

图 5-7　利用情感推测使人与空间关系更紧密

资料来源：日经 xTECH

因此,与情感推测技术相关的产品和服务市场可能会迅速增长。市场情报公司 TRACTICA 的数据显示,情绪识别和分析的软件市场在 2025 年将达到 38 亿美元,折合约 4 000 亿日元(2020 年为 5 亿美元,折合约 520 亿日元)。

日本欧姆龙公司正在努力开发情感推测技术,成果之一便是其乒乓球机器人"FORPHEUS(第 6 代)"。机器人可通过捕捉对手的面部表情来推测对手的情感状态,从而判别对手在回球时是否存在困难,或者是否觉得回球太容易而觉得无聊,进而调整球速和回球位置,以提高对手的积极性。

图 5-8 欧姆龙乒乓球机器人"FORPHEUS"

资料来源:日经 xTECH

通过情感推测技术来激励用户的设备可以应用于培训和服务,以提高用户的技能。此外,若将这项技术与 VR 相结合,或许能够产生巨大的效益。

日本松下公司从人类幸福度（Well-being）角度出发，于2019年成立AugLab，开发满足人类感性诉求的产品。TOU便是在这种理念下开发出来的空间装置，能够在室内模拟微风吹拂的感觉。

此外，松下公司负责分析和评估产品的产品分析中心进行了将情感推测技术应用于体育场馆的实验。在实验中，该公司用摄像机拍摄观看职业体育比赛的观众，并对他们的面部表情进行分析，结合比赛内容和现场服务，将令观众兴奋的场面通过可视化的方式呈现出来。

日本应用脑科学联盟（Consortium for Applied Neuroscience，CAN）于2020年9月成为一般社团法人，其成员包括日本NTT DATA、NTT DATA经营研究所、旭化成、DIC、朝日啤酒研究所等各行各业的企业，并与日本脑信息通信融合研究中心（CiNET）等研究机构进行合作。

例如，日本朝日集团控股公司的研究机构Asahi Quality & Innovations一直在致力于开发更适合消费者口味的饮料。

情感驱动产品开发的关键是如何将估测的情感反馈到产品和服务中，但不能缺乏对个人隐私安全的考虑，并推出相关举措。例如，只从摄像机图像中提取无个人特征的数据以保护个人隐私。

野野村洸

思想分析 059——宜居性（Livability）指标

> 检测地域宜居性，衡量居民幸福度
> 技术成熟度　中
> 2030年期望值　5.7

日本为了提高宜居性而制定的指标称为"宜居性指标（Livability indicator）"。

步行指标、社会基础设施指标、交通、食品、酒类、公共开放空间、就业和住房等都将纳入指标，用具体数值进行评价。

幸福度具体指的是个人或团体的身体、精神以及社会等状态是否良好。比如，澳大利亚就正在研究"宜居性指标"，并计划将其应用到城市规划中。

澳大利亚城市观察站（Australia urban Observatory）可以将各个城市的数据转换为宜居指标。只需选择测定指标和地域范围，观察站就能轻松地掌握该城市或地区的宜居性。该观察站使用的数据来自统计局国家税收调查信息以及居民输入的数据。

日本智慧城市研究所（Smart City Institute）正在开发日本版的宜居指标模型，该模型可以从市民（居民＋相关人员）的角度出发，对宜居性和幸福感进行量化。该模型利用日本国土交通省、总务省的公开数据、问卷调查数据、城市原有数据等资料，研究出如何为居民提供更好的福祉。

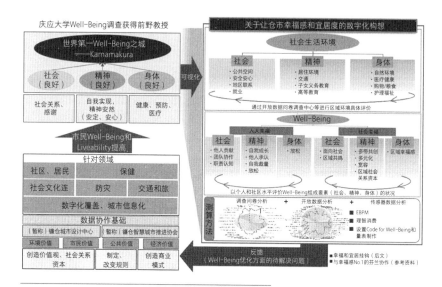

图 5-9 将福祉作为指标，将实现幸福的方式可视化

致力于成为智慧城市的日本神奈川县镰仓市，将利用对福祉的量化评估来发展其城市，以创造一个安全和舒适的共生社会。

松野纱梨

思想分析 060——人力分析（People Analytics）

收集和分析与人力资源有关的数据，提高员工工作参与度

技术成熟度　高

2030 年期望值　6.1

除了依靠人力资源部门人员的直觉和经验外，通过收集和分析与人力资源和管理有关的数据，为人力资源管理决策提供依据。

在分析数据时，会应用到统计学、AI、文本挖掘（Text Mining）和商务智能（Business Intelligence，BI）等技术和方法。

越来越多的公司开始进行人力分析工作，收集并分析人力资源相关数据。有些公司由于采取了这个举措，成功激发了员工的工作热情，帮助公司了解了管理人员特点，提高了年轻员工的积极性。

随着远程工作变得越来越普遍，对下属的管理变得越来越困难，如何提高年轻员工的参与度也成为不小的挑战。这也是人力分析工作得到重视的一大原因。

近年来，许多人力分析案例都结合了大量的数据进行分析，包括文本和图像等非结构化数据。越来越多的公司开始与内外部数据分析师合作，并在人力资源部培训数据分析师。

表5-2 进行人力分析的公司部分案例

公司名	措施
Visional 集团	采取三项团队及其员工的可视化数据调查
松下	从招聘起开始对员工进行分析，创造更好的员工体验
理光	引入人才管理系统，旨在提高员工职业自律
索尼	以人力资源面临的课题驱动人力分析
LINE	每年进行24次人事调动，为快速重组打下基础
软银集团	为实现管理战略将人力资源可视化
三菱化学	展望宏观策略加速数据驱动的人力资源

资料来源：以Human Capital Online连载文章"人力分析最前线，打造灵活变通的人事机制"为资料制成

这样做的好处是提高了公司决策的准确性。如今，随着商业环境的不断变化，人力资源和工作方式也呈现多样化，像过去那样仅仅依靠人的经验和直觉很容易导致错误的决策。

通过人力分析，还能够发现以往一直被忽视的新问题。例如，通过分析员工技能和经验数据与绩效之间的相关性，可以了解哪些员工更适合哪个部门的工作，防止员工与工作内容不适配。

吉川和宏

思想分析 061——学习分析

> 记录和分析学习历史和操作，帮助学习以及改进教学方法
> 技术成熟度　高
> **2030 年期望值　3.7**

该技术可以记录每个学生的学习进度，在此基础上推荐学习内容和教材，并鼓励教员设计教学方法。能否利用数据来发展公司业务，成了公司之间的分水岭，并且差距正不断扩大。同样的浪潮正在席卷教育领域。

2020 年，日本校内网络的部署工作已经完成，并给所有日本的中小学生配备了电脑。因此，每个学生都有自己的终端，以便于收集和分析他们的学习历史和成绩数据，为每个学生提供最佳的学习环境，并改善教学和教育管理。

随着网络课程的增多,大学对学习管理系统的使用率直线上升,可以借此收集和分析大量的历史数据。

日本政府成立的教育振兴委员会在2021年6月发表的第12项建议"关于后疫情时代的新学习方式"中指出,需要"向数据驱动的教育转变",并敦促利用收集的教育数据,灵活地开展面授课程和在线课程。

从数字化教材和学习管理系统(LMS)收集学习历史、操作历史、测试结果等数据,进行分析,并用于改进教学方法和教材,从而达到因材施教、制定新教育政策等目的。

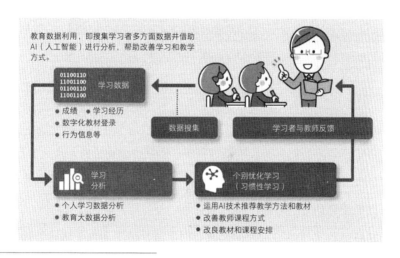

图 5-10　灵活循环利用教育数据

资料来源:日经计算机教育、ICT

要利用收集到的数据,必须要经过学习分析(LEARNING ANALYTICS)这个过程。通过分析个人数据和匿名大数据,可以了解哪些学习行为能带来好成绩，哪些教学方法能提高学生满意度。利用获得的数据结果，为每个学习者定制适合的学习方法和教学材料，即个体最佳学习方案。其中，也有研究者尝试使用人工智能辅助学习分析技术。通过这项技术，还能鼓励教师改进教学方法和教材。

江口悦弘

身边的进步 062——分身机器人

> 为照顾孩子、独自工作或住院等行动不便的人提供另一个身体
> 技术成熟度　高
> **2030 年期望值　23.1**

由于新型冠状病毒肺炎疫情的影响，远程办公将成为常态化。越来越多的办公室里出现了分身（AVATAR）机器人，方便员工沟通的同时，也可以缓解劳动力的短缺。

在线远程工作使员工间的沟通变得困难，员工间也无法相互聊天，导致难以产生新想法。在这样的背景下，分身机器人这项技术诞生了。

OriHime 是日本 Orii 研究所开发的分身机器人，高 23 厘米，重 660 克，是可以放在桌子上的小型机器人。该机器人有内置摄像头、麦克风和扬声器，可以使用计算机或智能手机的专用 App 进行远程控制。

哪怕身居异地,员工也可以让 OriHime 作为自己的分身去参加会议,找到自己的存在感,会议成员也能感受到公司的团结,并可以在相互的聊天中产生新的想法。单身赴任[①]的员工也能通过机器人看到家中父母的情况。Orii 研究所还提供一项服务,为那些难以外出但愿意使用分身机器人工作的人与愿意雇用他们的公司牵线搭桥。

图 5-11　日本全日空控股子公司 AVATARIN 的分身机器人"NEWME"

资料来源:日经 xTECH

图 5-12　Orii 研究所经常在办公室使用 OriHime,与远程办公的员工进行沟通

资料来源:Orii 研究所

① 由于工作的关系,需要去外地或国外工作,但家人不能一同前往的情况。

此外，还有可走动的分身机器人，它有一张由显示屏制成的"脸"。这就是全日空控股推出的"NEWME"机器人，它高100~150cm，脸部位置配有一个10.1英寸的显示屏。该机器人是由全日空控股的子公司AVATARIN开发和推广的。使用NEWME进行的在线毕业典礼视频被广泛传播，吸引了很多人的注意。NEWME还能有效地促进身处会议室的员工和远程工作的员工之间的交流。

外菌祐理子，長仓克枝

身边的进步063——餐饮机器人

> 让机器人来负责餐饮店的配餐
> **技术成熟度　高**
> **2030年期望值　4.2**

劳动力的短缺加上顾客与店员间需要保持一定距离，使得越来越多的餐饮店使用机器人来配餐和上菜。

JR东日本集团与Connected Robotics公司合作，在车站内的餐厅引入机器人，同时也引入了日本软银集团的配餐机器人。

萨利亚是日本全国连锁意大利风味家庭餐厅，2021年2月起，在日本千叶富士见分店使用了软银机器人公司的Servi餐饮机器人。该机器人已经能够自动完成将食物运送到顾客餐桌上，并将用过的餐具送回厨房等工作。其中，后者的机器人收拾餐具的工作起到了很大的作用。在这之前，当餐厅工作繁忙时，服务员无法及时收拾餐桌，顾客只好苦苦等候，直到被服务员带入店内入座。

图 5-13　在萨利亚餐厅运作的餐饮机器人

资料来源：日经 xTECH、日经 Robotics

此外，还有许多餐厅使用了餐饮机器人。经营牛排连锁店的日本 Bronco Billy 公司在其檀溪通分店引进了日本 Doog 公司出品的 THOUZER 搬运机器人来收拾餐具。顾客用餐完毕后，员工将桌上的牛排盘等餐具放入篮子内，再将篮子放在机器人上，然后只需按下远程控制按钮，机器人便会自动将餐具运送到厨房。该餐厅为机器人设计了宽敞的过道和厨房的转弯空间，使它们能更容易地在店里穿梭。

主要在日本关西地区经营连锁日式餐厅的 Ganko Food Service 公司，在其位于京都市的料亭风屋敷·高濑川二条苑分店安装了一台夏普无人运输机器人。该机器人沿着员工和顾客进出的走廊移动，并可自动将多达六人份的料理从厨房运送到包房门口。

长场景子

身边的进步 064——宝妈友App（妈妈友匹配App）

> 轻松找到附近志同道合的宝妈朋友
> **技术成熟度**　高
> **2030 年期望值**　0

专门为抚养孩子们的母亲群体匹配交友的 App。

一位母亲希望在附近找到志同道合的宝妈友人，却发现这一要求难以实现，因此她自行创业，与工程师合作开发了这款 App。

由于新型冠状病毒肺炎疫情的流行，在这期间生下宝宝的母亲们会感到十分孤独，因此急需此类交友配对 App 的出现。

MAMA TALK 的总裁柯蒂斯裕子说："虽然丈夫在家远程工作，但孩子的妈妈也想和其他人交流，也想要和其他有相同年龄孩子的母亲分享育儿问题，并且越来越多的妈妈有这样的需求。"MAMA TALK 是一个交友匹配 App，让妈妈们能够认识有相同爱好、相似职业和价值观的其他妈妈。妈妈们可以在 App 上看到其他妈妈公布的信息，当看到有共同点的妈妈时，就可以发起会话成为朋友。App 还有帖子功能，能让用户自由地交流幼儿园和医院的好坏或课程等与孩子教育相关的信息。

为了确保个人信息的安全，只有女性能成为会员，并且居住地只按城市（城镇）或村庄显示，会员可以放心地与附近的妈妈进行交流。

在外出受限的情况下，越来越多的妈妈希望通过该 App 结识其他妈妈。从 2020 年夏天开始，MAMA TALK 的用户数量急剧增加，2020 年 10 月成功完成了 10 万次匹配，并在 2021 年 9 月完成了 28 万次匹配。

图 5-14　宝妈友匹配 App MAMA TALK 的画面（例）

资料来源：MAMATALK

柯蒂斯本人在 2005 年生下孩子后回到日本暂居，结果发现很难在附近认识同样养育孩子的朋友。因此，她在 2018 年辞职，在 2019

年 5 月创业，并在同年 10 月推出了 MAMATALK App。

在开发阶段和增强功能时，她从用户的角度与工程师进行了详细的沟通，表达了希望在 App 上实现怎样的反馈，希望怎样呈现 UI（用户界面）等需求，并在保持与工程师良好沟通的情况下推进 App 进程。

都田 Mitsuko，DUAL

身边的进步 065——智能锁

通过智能手机或面部识别技术开锁
技术成熟度　高
2030 年期望值　3.4

能够通过智能手机和面部识别技术来开关锁的智能锁（电子锁）越来越普及。

与其说开发智能锁是为了取代物理锁，不如说是商业管理、物业管理和共享服务等新服务的起点。

由日本最大的电表制造商大崎电气工业开发的智能锁 OPELO，可以直接与现有锁的内部构造相结合，可以使用数字钥匙、智能手机、IC 卡等设备作为钥匙开锁。此外，还能设置锁被打开的时间，设置临时单次开锁密码，或者通过远程控制开关锁等。

餐馆开关门、租房看房等业务都需要进行钥匙管理和交接钥匙，而 OPELO 改变了这一现状。此外，OPELO 正在开发增加访问和考勤功能，可以准确掌握员工进出门的时间以及工作时长。

IDOM 是日本大型二手车销售公司，旗下的 Gulliver 于 2020 年 9 月推出 Gulliver 智能贷款，并使用了虚拟钥匙技术。该技术由日本 JIGOWATTS 公司开发，车主可以通过智能手机上的 App 来操作虚拟钥匙开车锁车，并会显示还款提醒。如果车主延迟还款，虚拟钥匙就会失效，其车辆就会被收回。

图 5-15　安装好的 OPELO 智能锁（例）

资料来源：日经 Business

日本 Bitkey 公司推出的 BITLOCK GATE 可以让用户仅凭一部智能手机，就能打开公寓等入口的自动门。利用这项技术，当居民不在家时，就可以给快递公司的快递人员一次性密码，让他们可以进入大楼在家门前放下包裹。

神田启晴

空间利用 066——空间声音混合现实（MR）

> 通过声学定位和 AR 技术，体验从物体发来声音的感觉
> **技术成熟度** 高
> **2030 年期望值** **1.4**

空间声音混合现实（Space Sound Mixed Reality，SSMR）结合了声学定位技术和影像 AR 技术。

声学定位技术是一种能将声源固定在空间某处的技术，以便听众能从某个特定方向听到物体发出的声音。

动物园里的动物、博物馆里的恐龙，或镰仓的大佛能以图像的形式出现，并直接对游客说话。

SSMR 正在由日本电气（NEC）公司开发。利用该技术再配合影像 AR 技术，当参观者佩戴上特制耳机时，便能听到博物馆中的恐龙或美术馆里的绘画等本无法发声的物体发出逼真的声音。为了实现上述场景，公司进行了反复的实证试验。

公司希望让游客在欣赏游览景点的同时，能够聆听旅游地本身的历史，感受它的魅力。

为了普及 SSMR 服务，SSMR 商业促进联盟于 2020 年 2 月成立。该联盟将 SSMR 领域的开发商、创作者、规划者和学者等组织起来，以规划、开发和推广户外寓教于乐（教育和娱乐的融合）的模式。

第 5 章 工作与生活

图 5-16 在日本香川县善通寺使用 SSMR 进行的实证试验
用智能手机摄像时便会出现虚拟画面

资料来源：SSMR 商业促进联盟

同时，NEC 在日本香川县的善通寺进行了实证试验，该寺是真言宗善通寺派的总本山①，也是弘法大师空海的出生地。善通寺为国家级历史遗迹"赞岐遍路道"中的指定遗迹，参观总面积为 45 000 平方米，游客将与美国插画家约瑟夫·霍尔特绘制的人物一同游览该寺庙。

藤卷史，DUAL

空间利用 067——空间共享视听内容

> 彼此相距甚远的人仿佛在同一个空间观看同样的东西
> 技术成熟度　高

---

① 日本佛教用语，指特定佛教宗派内，被赋予特别地位的寺院，等同为该宗派的大本营或根据地。

> **2030 年期望值　9.8**

利用 VR、AR 或高速视频音频传输等技术，使相距甚远的人们也能感觉到他们在共享同一空间或观看同一内容。目前这一技术正处于高速发展阶段。

利用这项技术，你可以与身处远方的人交流，对方的全身像可以被投射到一个大型屏幕上，就像他（她）就在你面前一样。

相隔两地的人也能同时体验 VR 投射的视频内容。

初创公司 TONARI 所提供的技术，可以利用大屏幕将多个办公室联系起来，让办公人员仿佛都置身同一地点。视频和音频在传输点间高速传输，可以体验到无延迟的流畅动作和声音。

从 2011 年 7 月起，该远程空间共享系统提供给日本冈村制作所（OKAMURA CORPORATION）和损害保险日本等公司。两家公司都使用该系统来连接他们的远程办公室，开展新的工作方式。

图 5-17　使用远程交流服务 TONARI 的场景

资料来源：TONARI

同时，日本 NHK 正在与日本东京国立博物馆开展一个联合项目，制作 8K 文化财产，并共享空间内容。

例如，利用 8K 和摄影测量学（根据从不同角度拍摄的照片生成 3D 模型的技术），可以在 VR 中展示东京国立博物馆的遮光器土偶。参观者可以使用控制器从任何角度和任何距离 360 度自由观看土偶，或者将土偶调到很大，进入土偶之中去参观。

森冈大地，日经 xTECH，日经 NEW MEDIA

空间利用 068——触感家电

> 使用振动器等设备，将刺激触觉的技术应用于家庭电器中
> 技术成熟度　高
> **2030 年期望值　10.3**

与视频和音频技术一样，触觉技术也将应用于家电中。

有一种观点认为，灵活利用触觉和触感技术，可以提高人们的幸福度，使人们身心状态更好。

对触觉的利用多种多样，而将振动等触觉信息传递到远程的触觉通信便是其中一种利用方式。2020 年 9 月，日本以无观众形式开展了第 73 届全日本击剑锦标赛。决赛前，在会场的选手们利用这项技术与其家人们进行了远程击掌。

该系统使用了装有振动板的显示屏,双方在通过视频会议系统进行对话时,通过同时触摸振动板,体验了与对方击掌的感觉。

此外,还有一种名为触觉提示的技术,可以模拟出类似振动的触觉。2021年4月底,日本展出了一个长椅型装置,利用光和声向全身呈现触觉。

图 5-18　会场的选手与其家人进行远程击掌的场景

资料来源:NTT 西日本

图 5-19　长椅型装置"Synesthesia X1-2.44"

资料来源:日经 xTECH

图 5-20　坐在由振动传感器组成的长椅上，背部、腿部、手臂等都能感到振动

资料来源：日经 xTECH

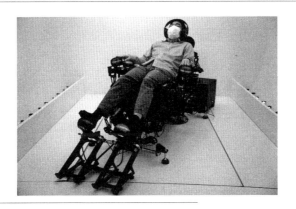

图 5-21　体验 SYNESTHESIA X1-2.44　HAZO 的场景
振动传感器振动的部分会发光

资料来源：日经 xTECH

　　SYNESTHESIA X1-2.44　HAZO（SYNESTHESIA X1-2.44 波像）长椅型设备配备了两个扬声器，由 44 个振动传感器组成。

　　参与者全身躺在长椅装置上，戴上耳机，闭上眼睛，体验约 11

分钟的光、声和触觉等组合刺激。同时通过光的强弱调节眼睑感知影像，360 度全方位感知电子音和自然音。此外，44 个振动传感器分别进行振动，刺激背部、腿部和手臂等全身的触觉感官。

以上组合体验时长约 11 分钟，给参与者带去飘浮在空间中移动的感觉。

SYNESTHESIA X1-2.44 波像是由游戏创作者、ENHANCE 公司代表水口哲也，以及声音创作者、SEE BY YOUR EARS 项目的 EVALA 联合制作的，并在媒体艺术活动 MEDIA AMBITION TOKYO 2021（MAT 2021）中进行展示。在此之前，长椅型装置 SYNESTHESIA X1-2.44 于 2019 年被开发。

SYNESTHESIA X1-2.44 或将创造新型剧院。为了让触觉剧场走入现实，还需要制定触觉提示的标准，以便在任何地方、任何时间，用户都能有同样的体验。这方面的准备工作正在进行中。2021 年 2 月，国际电工委员会（IEC）制定了除视频和音频之外的触觉振动信号播放的国际标准。

传递触觉的振动信号将被处理为像音频一样的时间序列波形信号。5.1 声道音频格式，2 个声道用于声音，4 个声道用于触觉振动。据说 NTT 正在开发符合标准的输入 / 输出设备。在输入信号中，视频和音频通过 HDMI 等输出，而触觉振动则输出到专用的触觉提示设备上。

SYNESTHESIA X1-2.44 波像的内容结合了娱乐和健康。如果触觉剧场得以实现，人们可以像去电影院一样轻松地体验触觉剧场。

长仓克枝

空间利用 069——环境智能

> 让人类所处环境变得智能
> 技术成熟度　高
> 2030 年期望值　2.4

AMBIENT INTELLIGENCE 这个词诞生于 2006 年，可直译为环境智能。它指的是人类周围的"环境"所拥有的，或嵌入其中的智能。

除了云计算和物联网，随着机器学习的兴起，现代社会已具备实现环境智能的必要条件。

传感器是构成物联网的核心，通过传感器，可以很容易地捕捉到关于人类个体行为、情感和健康的实时信息，个体、物体的运动和状况，以及从天气到交通拥堵和经济状况的各种实时信息。这些信息存在于人们周围，如果能够提高环境智能的准确度，就能为人类提供各种便利。

此外，机器学习使环境智能本身能够自行学习和完善智能。人们通过与环境智能进行互动，改变了自身的行为和思维，同时环境智能也会逐渐了解人们不为人知的特点和习惯。人类周围的环境也会发生变化，但通过机器学习，环境智能可以跟上变化，并确保它始终为人类提供持续的利益。

环境智能的市场正在逐渐形成。在美国 AMAZON.COM 售卖的智能音箱 AMAZON ECHO 便是其中一例。用户可以与 ECHO 对话，让它播放音乐或广播,进行购物,控制开灯和关灯等操作,让周围的环境为人服务。

众多的互联网服务也开始涉足环境智能。例如,提供打车服务的美国优步(UBER TECHNOLOGIES)公司的动态定价策略(SURGE PRICING),将根据供需情况提高或降低乘车价格。

周围的交通状况和乘客的动向等都将纳入环境智能范围,并根据情况决定打车价格,而这些是乘客所看不到的。

通过物联网和机器学习,动态定价算法变得更加智能,环境智能也将不断发展。有鉴于此,优化卖家和买家或人的组合的算法,如各种网络服务的推荐功能、拍卖和匹配功能,也可以说是环境智能的一种。

环境智能是一把双刃剑。利用算法的既得利益者支持环境智能的发展,然而环境智能的过度发展有可能被利用者恶意地拿来监视和管理。此外,由于算法也是作为软件内置的,因此很难保证无差错,但对用户来说,它们是一个黑匣子,用户不知道哪里会出差错,而有可能接受了错误的服务。

田中淳

第 6 章

物料与食物

材料与食物 物品的制造方式已经完全改变

技术创新改变了事物外形和制造方式。与信息技术的虚拟化不同，这里谈论的是真正的事物正在发生变化。

技术创新的关键在于不同领域的技术融合。例如，印刷技术已经存在了很长时间，如今这项技术被用于电子设备的生产和器官的医学研究。从生物身上获取材料制造塑料制品的技术也在推进之中。

为了应对粮食危机，甚至有可能以非常规的方式生产肉类和鱼类。当然，进行材料方面的研究和开发自然也需要IT的帮助。

硅谷的风险资本家对食品初创企业进行投资的现象已经非常普遍。在这个时代，只要你有解决社会问题的想法和精神，就有可能在意想不到的领域开办一家技术创业公司。

与沥青和混凝土相关的基本建筑土木工程技术也在发生着变化。其中的一个变化就是出现了可以自我修复的材料，即材料在出现裂缝时能自我修复，这便减少了重新施工的次数，还能有助于减少二氧化碳的排放。

SDGs——粮食危机面临的挑战开始了

SDGs 的第二项重大目标是："消除饥饿，实现粮食安全，改善营养状况和促进可持续农业发展。"

虽然本书在后面的内容中只选取介绍了人造肉和陆地养殖三文鱼这两项食品技术，但实际上，为了使粮食数量增长，各种各样的食品技术正处于研究之中。

另外，使道路及其路面能够自我修复的技术与"让城市和人类居住区具有包容性、安全性、有风险抵御能力和可持续性"这一目标直接相关。

素材 070——涂层型RFID标签（由碳纳米管组成）

> 将使用碳纳米管制造电子标签
> 技术成熟度　中
> 2030 年期望值　5.2

由碳纳米管场效应晶体管（CARBON NANOTUBE FIELD-EFFECT TRAN-

SISTOR）组成的射频识别（RFID）电子标签已被研发出来，不仅配有天线，还有无线电传输电路。

一个 RFID 电子标签的成本预计为 1 日元，如此令人注目的低廉成本可能会促进其普及。

尽管 RFID 有很长的历史，但近期 RFID 电子标签价格约为 10 日元，并没有像预期的那样下降。

2020 年 1 月，日本东丽宣布了一个由碳纳米管（CNT）场效应晶体管组成的 RFID 电子标签。所有的电路，包括无线通信电路，都将由 CNT 场效应晶体管组成，目的是大幅降低 IC 芯片及其安装成本。

在 RFID 标签的电路和天线中，CNT 半导体层是通过喷墨打印技术形成的，而其余部分是通过平版印刷图案等涂层工艺形成的。整个制造过程在低于 150℃的温度下完成。现在已经证实，可以使用超高频（UHF）电波进行无线通信。

日本东丽在玻璃基板上进行建造 920MHz 波段的 RFID 电子标签实验，验证了其传输距离可达 20 厘米。东丽预计在不久的将来，能够将通信距离增加到 1 米以上，比特数增加到 60 以上，并在 2022 年以某种形式发布该产品。

该公司多年来一直在开发 CNT 场效应晶体管，但这是它第一次将与晶体管性能息息相关的电子迁移率提高到 $182cm^2/Vs$，使其能够用于 UFH 频段无线电路。这是通过提高有利于电流流动材料的耐久性来实现的，该材料混合到了 CNT 中。

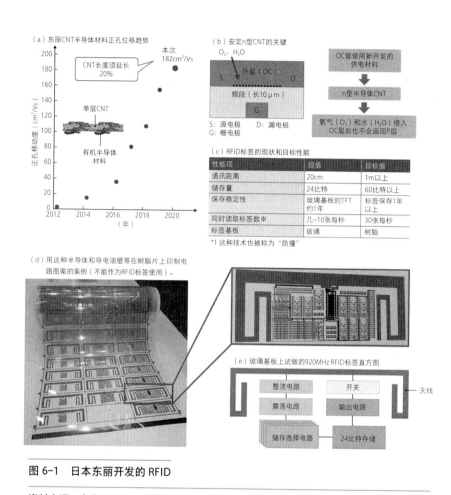

图 6-1 日本东丽开发的 RFID

资料来源：参考日本东丽的资料由日经 xTECH 制成

野泽哲生

素材 071——生物打印

> 使用 3D 打印机制造人工肺和血管
> 技术成熟度　中
> 2030 年期望值　8.7

使用 3D 打印机制造仿生物体器官的技术称为生物打印技术，该技术的相关研究仍在进行中。

此外，细胞取代墨水成为"打印"原料，利用喷墨方式应用于普通打印机的技术也称为生物打印。

如果心脏和肺部等器官可以使用 3D 打印机进行精细化制作的话，这些制作出来的器官就可以用于药品的研究和开发。

如果能够利用人体细胞通过生物打印制造人体必需的器官的话，那么这将使器官移植世界发生革命性的变化。但前提是细胞必须保持存活的状态，而这是个艰巨的挑战。

仅重建器官中的血管已是相当困难。

因研究人造心脏和基因组编辑而闻名的美国莱斯大学，已经开发出了生成弹性血管的技术，并且用 3D 打印机生成了肺部模型。

据报道，该大学的研究人员使用可食用色素来确定产生器官的水凝胶层在何处形成，从而实现 3D 打印。

同时，日本理光公司与美国 ELIXIRGEN SCIENTIFIC 公司合作，利用其生物打印技术，使用从诱导性多能干细胞（iPS cells）分化出来的细胞进行药物研发。

据理光公司称,"通过应用公司 40 多年来潜心研究的喷墨技术,我们可以一个一个地精确放置细胞,同时保持其高存活率"。利用这种生物打印技术,可以为多人创建源自 iPS 细胞的芯片。使用此芯片,可以仅用一次测试来检测药物对多人的影响。

2020 年 12 月,两家公司合作开发了可评估药物疗效和毒性的评估板,用于评估神经系统疾病治疗用的药物的效果。使用药物时,面板上神经元的活动可转化为电信号以便测量。由 ELIXIRGEN 的分化诱导技术产生的 iPS 细胞衍生的神经元被种植在平板上,利用理光的生物打印技术及细胞黏附涂层技术将细胞附着在电极上。

谷岛宣之

素材 072——氢能炼铁

> 将含氢气体注入高炉减少二氧化碳排放
> 技术成熟度　中
> 2030 年期望值　21.8

生产铁的高炉会排放大量的二氧化碳,而钢铁巨头们正在努力减少其排放量。

其中有一种方法,可以利用氢气来减少二氧化碳的排放,它就是氢能炼铁。

据说，在氢能炼铁方面，日本技术水平领先于世界其他国家。日本用小型试验高炉进行了技术测试，结果发现二氧化碳排放量减少了10%。

日本COURCE50项目由日本制铁、JFE钢铁和神户制钢所三家日本高炉制造商，以及日铁工程公司、新能源产业技术综合开发机构（NEDO）联合委托进行技术研发。该项目旨在将高炉炼铁过程中排放的二氧化碳量减少30%。

除了氢气还原炼铁，该项目还在研究如何从高炉排放气体中分离和回收二氧化碳的技术，预计前者将减少10%，后者将减少20%的二氧化碳排放量。自2018年以来，该项目一直在对性能进行测试操作，以期未来将该技术投入商业化。

（1）试验高炉　　　　（2）CO_2分离和回收设备

图6-2　COURCE50小型试验高炉由日本制铁公司的东日本制铁所、君津制铁所建设

资料来源：NEDO、日本钢铁联盟

在氢气还原炼铁过程中，含有大量氢气的气体被直接注入高炉，

以提高氢气还原反应的速度。高炉中的还原反应包括与一氧化碳、氢气和焦炭的反应，每种还原量的比例通常为6:1:3。

截至2021年4月，该项目已经进行了9次试运行，并确认了该反应可以达成减少10%二氧化碳排放量的目标。该项目称，通过进一步试验，可以实现减少10%以上二氧化碳排放量的目标。

试验高炉的体积为12立方米，约为传统高炉的1/500。高炉直径只有1.65米，但插入件、高炉炉体和炉顶均压煤气全回收系统均与传统的高炉无异。此外，该炉还配备了氢气注入和二氧化碳分离与回收系统，这在传统的高炉中是没有的。

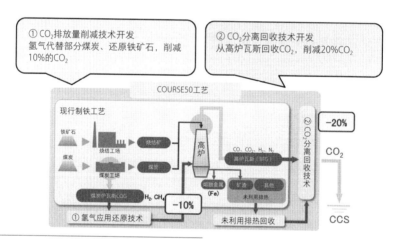

图6-3 COURCE50开发的两项技术
试验高炉排放气体中的二氧化碳排放量减少10%，并通过分离和回收气体中的二氧化碳，减少释放到环境中的二氧化碳排放量

资料来源：NEDO、日本钢铁联盟

一次试验操作大约持续1个月时间，在此期间，不断地往高炉

内送入原料,将加热气体注入炉内,生铁每 2 小时左右就从炉底排出(出铁)。每 5 分钟左右会出一次铁,能得到约 3 吨生铁。

氢能炼铁的关键是在原料和气体注入量上下功夫,保证增加氢气还原比例的同时,不减少一氧化碳的还原。一氧化碳的还原反应是放热反应,如果减少了该反应,就无法维持炉内 1 400 ℃以上的高温。

因此,该项目精心设计了模拟模型,用来调整原料和气体的使用量。根据模拟模型反复进行实验室实验和模拟,提高了模拟模型的准确性,并通过演示试验进一步完善,形成了可以预测高炉内现象的模型。

该项目计划在 2030 年前建造一座传统高炉,并在 2050 年前推进开发,进行普及。该高炉的容量是试验高炉的 500 倍,虽然存在温度波动的隐患,特别是径向的温度波动,但模拟模型的高精确度应该能够解决这个问题。

此外,已证实大型试验设施 CAT-30 具备日均分离和回收 30 吨二氧化碳的能力。

所采用的技术是使用胺溶液(吸收液)的化学吸收法,该溶液是碱性水溶液。二氧化碳在吸收塔中被胺溶液选择性地吸收后,该吸收液在再生塔被加热后,分离出高纯度的二氧化碳并被回收。

研发出上述独特的胺溶液是为了减少分离和回收吸收剂溶液时使用的能量(热量)。由于其在再生塔中消耗的能量很低,与传统吸收液相比,分离和回收二氧化碳所需的能量可减少约 40%。

吉田胜

素材 073——生物塑料

> 从绿眼虫中制造名为 PARARESIN 的树脂
> 技术成熟度　中
> 2030 年期望值　20.3

使用从动植物身上提取的可再生资源制成的塑料称为生物塑料。如果可以用生物塑料代替传统的由石油制成的塑料的话，可以达到减少二氧化碳排放的目的。

其中，使用藻类绿眼虫（EUGLENA）开发塑料便是一个经典案例。关于使用绿眼虫制造树脂 PARARESIN 的研究正在推进中。

2021 年 3 月，日本生物企业悠绿那（EUGLENA）与包括精工爱普生和 NEC 在内的 10 多家公司一起成立了生物塑料协会 PARARESIN JAPAN CONSORTIUM，其目标是到 2030 年达到年均供应 20 万吨 PARARESIN 的目标。换算成 PARAMYLON 的话，每公斤约 100 日元。PARAMYLON 是一种从绿眼虫中提取的独特成分，被用作生产原料。

一吨 PARARESIN 与相同数量的石油基塑料相比，总体将减少约 1.86 吨二氧化碳。

该协会对绿眼虫的培养液、PARAMYLON 和 PARARESIN 的特性，在一定范围内制定了统一标准，这确保了向协会会员公司提供原材料的标准，并通过大规模生产来降低价格。

除了悠绿那、精工爱普生和NEC之外，缘舞（日本埼玉县四木市）、KISCO（日本大阪市）、KOBASHI HOLDINGS（冈山市）、佐贺市、新菱冷热工业（东京新宿）、日东电工、JAPAN PULP AND PAPER COMPANY、BIOPOLY上越（新潟县上越市）、骊住和RICOH TECHNOLOGIES(日本神奈川县惠比奈市）等公司也加入了该协会。

今后，该协会将广泛地接受公司和组织的参与。自协会成立以来，已经收到了10家公司的申请，如果所有公司都被允许加入的话，该协会规模将会扩大到20家公司。

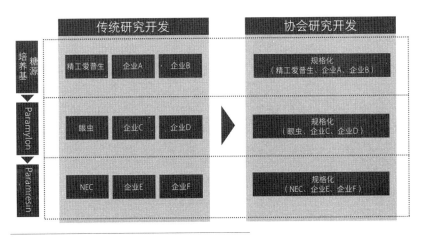

图6-4 传统研究开发和协会研究开发对比示意图

资料来源：日经xTECH制成

洼野薰

素材 074——材料信息学

> **将 AI 计算机应用于材料开发**
> **技术成熟度　高**
> **2030 年期望值　4.1**

将 AI 等先进的计算科学应用于材料开发的研究被称为材料信息学。AI 可以处理人类大脑无法设想的多维复杂数据。为了在国际竞争中生存，利用 AI 大幅提高材料开发的效率显得非常重要。

通过机器学习材料特性与组成和合成条件之间的复杂关系，诞生了如今的材料信息学。而这个过程使得 AI 掌握各类因素，并建立前向因果模型。一旦获得了机器学习的模型，通过输入组成和合成条件，就可以即时预测材料的功能和性能。

利用这项功能，研究人员便能在多数候选组合和合成条件中，选择满足所需功能和性能的材料。换句话说，它是一个反向逆推的程序。基本的方法是详尽地预测所有候选材料的功能表现，并选择具有最佳预测值的候选材料。此外，研究人员也在研究更有效的选择方法。

物质探索和材料设计可以通过前向建模和后向推理来进行。物质搜索即寻找新的物质成分。即使成分相同，所获得的物理性能也会因生产时的条件和所应用的部件的形状等的不同而不同。而生产过程的好坏直接与材料设计挂钩。

木崎健太郎

第6章 物料与食物

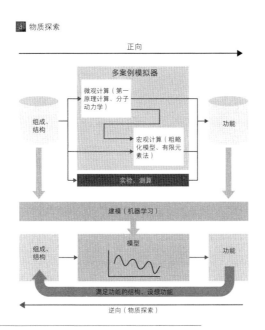

图 6-5 利用材料信息学探究最佳物质组成（物质探索）

资料来源：参考新能源产业技术综合开发机构的资料由日经制造制成

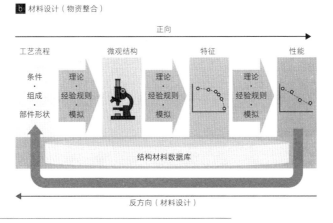

图 6-6 利用材料信息学探究最佳生产程序（材料设计）

资料来源：参考新能源产业技术综合开发机构的资料由日经制造制成

食材 075——人造肉

> 使用牛细胞培养牛排和肉糜
> 技术成熟度　中
> 2030 年期望值　17.4

在 2050 年，预计世界人口规模将达到 90 亿。为了养活如此庞大的人口，越来越多的研究投入了替代肉的开发中。

现在市场上已经出现了所谓的模拟肉，是由大豆等高蛋白作物制成的。这里我们要讨论的是不使用植物蛋白，而是用细胞培养出来的替代肉。

2013 年，荷兰马斯特里赫特大学的医学和生理学教授马克·波斯特博士，成功开发了世界上第一个用细胞培养的肉类。波斯特博士于 2016 年以共同创始者的身份创立了 MOSA MEAT 公司，并计划在 2022 年研发人造肉制品。

在日本，日清食品控股公司正在挑战研究生产人造肉。与 MOSA MEAT 公司生产的肉糜人造肉不同，日清则是研究从牛肉细胞中培养出块状的牛排肉。

自 2017 年以来，日清一直与东京大学的竹内昌教授进行合作，已经成功研发出 1 平方厘米的人造肉。该公司计划到 2025 年 3 月前，生产出厚度为 2 厘米的 7 平方厘米的牛排肉。

为了生产人造牛排肉，需要从牛身上提取细胞并培养繁殖。增加的细胞被放置在模具形状的培养皿中，用来培养 2 毫米厚的薄肌肉基质（肌细胞模块），并在培养基中进行堆积，最终形成类似于肌肉纤维的肉块。

图 6-7　日清食品控股公司正在研究使用牛细胞培养肉块

目前成功开发的肉块大小为 1 平方厘米。右图为培养过程中的肌细胞模块

当肌肉细胞形成向一个方向排列的组织时，生产出来的人造牛排肉就富有嚼劲了。生产 1 平方厘米的人造肉需要一个星期，但在将来，人造肉会在无尘室中进行自动生产。

人造肉的研究方向除了往更大尺寸发展外，还有如何往人造肉内添加脂肪、血液等成分，使其味道更接近真实的牛肉。

江村英哲，北西厚一，藤中润

食材 076——陆地养殖三文鱼

> 人工海水经有益微生物过滤后，在大型水箱内进行循环使

> 用，用来养殖三文鱼
> 技术成熟度　中
> 2030年期望值　4.6

由于海上三文鱼养殖场的紧缺，日本的许多地方都开始了陆上三文鱼养殖。

养殖鱼类对环境产生的负面影响较小，因此对陆上三文鱼养殖技术的期待不亚于对人工肉、人造肉等技术的期待。

三文鱼的市场主要在城市。如果陆上三文鱼养殖技术能取得成功，那么就能从周边地区往城市运送新鲜的三文鱼，这便可能改变日本的饮食习惯。

PURE SALMON集团的日本子公司SOUL OF JAPAN正在日本三重县津市建造陆上水产养殖系统。该建筑面积为67 000平方米，是日本东京巨蛋的1.5倍，计划于2023年完工。它将有36个大型圆柱形水箱，总容积为80 000~100 000立方米。

人工海水经有益微生物过滤后投入循环使用，以培育大西洋三文鱼。该工厂建成后年均可供应1万吨三文鱼。

水箱中的流动水可以锻炼三文鱼，使鱼肉更加紧实。如果日本能够在国内陆地上养殖三文鱼，日本人便能够吃到新鲜的三文鱼了。

2018年，PURE SALMON在波兰的试点工厂成功进行了陆上三文鱼养殖。日本、美国和法国的水产养殖设施项目也正在推进中。其中日本在建设方面处于领先地位，并于2019年与伊藤忠商事株式会社签订了日本国内销售合同。PURE SALMON 计划在 2025 年或 2026 年前后，开始在全球范围内大量生产陆上养殖三文鱼，年产量预计将达到 26 万吨。

图 6-8　大西洋三文鱼封闭循环陆上养殖系统建筑概念图于日本三重县津市某工业园中建设，预计于 2023 年完工，年均可向日本国内市场供应 1 万吨三文鱼

此外，日本丸红公司和日本水产公司于 2020 年 4 月联手，共同收购了从事陆上三文鱼养殖的丹麦 DANISH SALMON 公司。

江村英哲，藤中润

工程 077——太阳能自动发电人行道

太阳能电池板在白天储存电力并在夜间用于照明

技术成熟度　高

2030 年期望值　13.9

能够自行发电并在夜间发出亮光的人行道走进了人们的视野。

该路面安装了太阳能电池板和发光玻璃板。

太阳能电池板可以在白天发电,并为附带的电池进行充电。所储存的电能将在晚上用于开启LED灯,使玻璃板发出亮光。

日本大林道路、日本早水电机工业(日本神户市)和宫吉玻璃(日本名古屋市)三家公司联合开发了SOLAR WAY,这是一种内置太阳能电池板的玻璃导光板装置,可安装在人行道和公园路面上。

SOLAR WAY是在太阳能电池板的基础上,由玻璃导光板和防滑钢化玻璃多层组合而成的。玻璃导光板由具有高透明度和耐候性[①]的高透光玻璃制成,由LED从侧面照亮。而防滑钢化玻璃的防滑性能佳,即使表面处于潮湿状态也不易打滑。

可以用特殊油墨在玻璃导光板上印刷各种图案。比如,在上面喷上图案或文字来传递信息,也能够在上面印刷QR码来提供公交车运行信息等。

每块板的厚度为4厘米,尺寸约为130cm×74cm,以六块为一组进行安装。

在SOLAR WAY装置前方安装了电池储存箱,可以监测发电量,并显示测量结果。箱子底部内置100伏的电源插座和USB接口,以便在紧急情况下使用。

---

① 材料如涂料、建筑用塑料、橡胶制品等,应用于室外经受气候的考验,如光照、冷热、风雨、细菌等造成的综合破坏,其耐受能力叫耐候性。

图 6-9 SOLAR WAY 安装场景

资料来源：早水电机工业

材料费和施工费取决于安装的面板数量、需要印刷的设计，以及安装现场的条件。据估算，包括电池在内，每块面板的成本在 120~150 万日元。

键尾恭子

工程 078——减排混凝土

无水泥建设减少二氧化碳排放
技术成熟度　高
2030 年期望值　14.8

混凝土是建筑的重要组成部分,据说生产 1 立方米的混凝土会排放 1 吨的二氧化碳。目前,已经出现了多种技术来减少生产混凝土时产生的二氧化碳。

比如将二氧化碳封存在混凝土中,以减少排放到大气中的二氧化碳。

或者是在制造混凝土过程中不使用水泥和碎石,从而在原材料生产过程中将二氧化碳排放量降低至几乎为零。

日本大成建设开发了碳回收混凝土,使用这种混凝土越多,大气中的二氧化碳量减少的越多。它的抗压强度相当于普通混凝土的水平,可以在预拌混凝土厂生产,并用于现场浇注。

碳回收混凝土中所添加的碳酸钙粉,由工厂排放的二氧化碳回收制成,其回收的二氧化碳量超过制造过程中排放的二氧化碳量。每浇筑 1 立方米的混凝土,可以从大气中去除 5~55 公斤的二氧化碳。

图 6-10　炉渣凝固样品材料 7 天龄期抗压强度为 20N/mm²
碳回收混凝土样品(左)和由该材料混凝土加工成的石质感建材案例(右)

资料来源:大成建设

此外,该公司的环保混凝土技术,使用了炼钢的工业副产品高炉渣，可以在没有水泥的情况下凝固混凝土。与普通混凝土相比，环保混凝土制造过程中的二氧化碳排放量减少了80%。

同时，日本奥村组土木兴业和Space K两家公司联合开发了"高炉渣固化剂"，以及炼钢工业副产品高炉渣作为骨料和结合剂。与传统混凝土相比，使用高炉渣的产品具有相同的强度，并且不使用任何水泥，预计原材料制造过程中排放的二氧化碳可减少99%。

两家公司将颗粒状高炉渣作为细骨料，炼钢高炉渣作为粗骨料，高炉渣超细粉作为结合剂，并将它们与海水混合制造固化剂。远离海洋的山区可以使用人工海水进行操作。除了使用混凝土外，还可考虑将其应用于地面改良等。

真锅政彦

工程079——自修复混凝土

> 微生物自动修复混凝土结构中的裂缝
> 技术成熟度　中
> 2030年期望值　14.4

自修复混凝土技术，指的是当混凝土建筑出现裂缝时，事先混入混凝土中的微生物便会开始发生作用，进而修复裂缝的这一技术。

水泥是混凝土的原材料，每生产1吨水泥，便会排放0.8吨二氧化碳。因此，如果能够延长建筑物的使用时间，那么就可以间接减少二氧化碳的排放量。

日本会泽高压混凝土和会泽技术研究所已经研发出了自修复混凝土的大规模生产技术。利用该技术，微生物可以自动修复混凝土建筑物的裂缝等损坏。

自 2020 年 11 月以来，该公司已经达成了每 5 分钟生产 600 公斤由微生物和聚乳酸粉末制成的自修复材料的产量。每立方米的混凝土只需搅拌 5 公斤该材料，就能具备自我修复功能，相当于每年能够提供 70 万立方米的自修复混凝土。

荷兰代尔夫特理工大学的亨德里克·容克斯（Hendrik Jonkers）副教授领导的研究小组设计的自修复技术，是将混凝土与抗碱细菌及为其提供营养的聚乳酸混合在一起。当混凝土出现裂缝时，通过裂缝渗入的水和氧气会将休眠的细菌激活，这些细菌便会进食聚乳酸，并产生碳酸钙以填充裂缝。

图 6-11　一家生产自修复材料的工厂在日本札幌市内建成

日本会泽高压混凝土公司一直致力于研究如何将这种技术应用

于日本使用的混凝土中。该公司将聚乳酸进行粉碎加工后,再使用制药用混合装置将聚乳酸与微生物混合。微生物被均匀地分散并封装在聚乳酸粉末中,确保它们在与混凝土混合时的存活率。

真锅政彦

工程 080——用木材、塑料瓶铺设沥青

> 由木材和废塑料瓶制成,性能优于传统的高耐久性路面
> 技术成熟度　中
> **2030 年期望值　9.2**

如今可以使用废弃的塑料瓶和木材来铺设沥青路面。

将废塑料掺到沥青中可以增加其耐久性。而加入木材有助于封存二氧化碳。

为了确保道路维护和修筑所需的沥青能稳定供应的同时,减少对环境的影响,人类正在探索不使用原油的沥青材料。

日本道路公司已经开发了一种名为"超级 PET 沥青"的高度耐用铺路方法,即使用混合了废弃塑料瓶的沥青混合物来铺设道路的方法。每 100 平方米面积的路面可以使用 1 500 个废旧塑料瓶,并且该路面的耐久性超过了传统的高耐久性路面。

NT-5000 是日本花王公司开发的一种特殊改性剂,可以加入废

旧塑料与沥青的混合物中。具体方法是，首先对居民生活废弃塑料瓶进行分类和粉碎后，加入特殊的脂肪酸和添加剂，并对混合物进行搅动，再将其与沥青、骨料和沙子混合。施工方式与传统的沥青路面类似，仅使用铺路机来铺设混合物即可。

日本道路公司对沥青混合料疲劳性能进行了连续时长14个小时、载荷49kN来回行驶的车辙试验，证明了其抗车辙能力。半柔性路面以其高耐久性而闻名，变形量为39.2毫米。但与此相比，超级PET沥青的变形量仅为1.7毫米。此外，其防水性能也通过其他实验进行了测试。

图6-12　利用废弃塑料瓶铺设沥青路面的流程图

资料来源：日本道路

据说，该路面的材料和施工的成本都与半柔性路面相同。铺设

2 000平方米的路面时，其工程时长可以减少到半柔性路面的1/5。这是因为该路面省去了浇灌水泥浆的过程。

目前，日本已在全国范围内进行了超级PET沥青的试铺设，面积已达12 000多平方米。

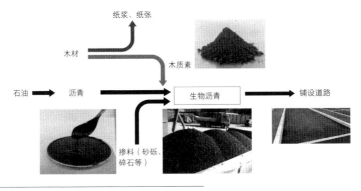

图6-13　生物沥青混合料从生产到施工的流程

资料来源：日本制纸

今后，日本道路公司将向需要高耐久性公共道路和物流设施的停车场等场地推荐所开发的路面。此外，该公司还将研究如何将塑料瓶废料应用于对耐久性要求不高的路面、含有大量粗骨料的碎石胶泥路面、维护和修理用薄层路面材料等领域。

日本道路公司的目标是当上述技术成熟，能生产相应的产品时，在2024财政年度以废旧塑料瓶为材料铺设70万平方米路面。这相当于该公司每年建造的沥青路面总面积的10%。

同时，日本制纸公司和日本大成ROTEC公司正在联合开发一种生物沥青混合物，该混合物将从木材中提取的木质素作为沥青路面的部分原材料，以减少化石燃料的消耗，并将其作为一种新型节能路面材料投入实际使用。

木质素是在造纸过程中从木屑中分离出纤维素而获得的。一般都被用作造纸厂锅炉的供热材料。

如果使用木质素代替35%的石油沥青，预计将减少21%石油基沥青混合物制造过程中所需要的能源。

这也将有助于防止全球变暖。用木质素铺设路面的过程中，可以将二氧化碳封存在其中，从而减少温室气体的产生量。

木质素的功能是将木材中的纤维黏合在一起。如果能利用这一特性，有望提高沥青混合料的品质。比如，可以利用木质素提高沥青的耐流动性和耐候性，并减少车辙和紫外线引发路面老化的可能。

大成ROTEC公司称，预计未来木质素的单价会比石油沥青便宜10%左右。生物沥青混合料的生产成本预计将比传统沥青混合料低2%~5%。

日本制纸公司将对木质素进行改良，使其成为合适的沥青替代品。大成ROTEC公司将开发技术，尽可能多地用木质素替代沥青。此外，该公司还将在复合木材厂建立试生产系统。

真锅政彦，键尾恭子

工程081——自愈合沥青路面

路面出现裂缝时，嵌入路面的胶囊便会开裂，渗出油分进行

修复

技术成熟度　中

2030 年期望值　7.1

当路面出现裂缝时可自我修复的沥青路面铺设技术，有望在不久的将来投入实际使用。

将直径约 1.5 毫米的灌油胶囊和钢纤维混入正常的沥青混合料中，当路面表层出现裂缝时，胶囊内的油会渗出填满裂缝，软化老化的沥青，促使骨料相互粘连。

该技术将减少刮除开裂路面和铺设新路面的路面维修工作的频次，有助于减少二氧化碳排放。

日本大成 ROTEC 公司和会泽高压混凝土公司正在联合研究自愈合沥青路面，并于 2021 年在车辆通行地区铺设了该路面进行测试。

荷兰代尔夫特理工大学的埃里克·施兰根教授开发了自愈合沥青路面。在荷兰，以高速公路为例，自愈合沥青路面已被铺设在 20 多个地区。

经过一段时间后，相关人员就会在路面上使用特殊设备，对铺设的路面进行强制修复。混合在沥青中的钢纤维被加热后，会将坚硬的沥青熔化，促使骨料重新连接。

2018 年，日本会泽高压混凝土公司与拥有该技术独家使用权的荷兰初创企业 EPION 公司签订了特许经营协议，并与大成 ROTEC 一起开发此技术，以便在日本推广使用。

新未来：改变世界的100项技术

图 6-14　荷兰自愈合沥青路面铺设五年后，对其使用情况进行确认的场景
老化的路面可以简单地通过特殊设备加热来进行修复

资料来源：山田敏宏

这两家公司对混有钢纤维的密级配沥青混凝土试样进行了反复的弯曲疲劳试验。破坏过一次的试样被加热后再次通过试验机，其抗疲劳开裂性能恢复到了原始水平的一半左右。

真锅政彦

工程 082——无水泥即可黏合沙子

无须使用水泥或树脂等黏结成分，用催化剂就能将沙子黏合在一起
技术成熟度　中
2030 年期望值　3.8

东京大学生产技术研究所的酒井雄也副教授已经开发出一种技术，无须使用水泥或树脂等黏结成分，用催化剂就能将沙子黏合在一起。

沙漠沙子难以作为骨料，而这项技术为沙子成为建筑材料提供了可能性。未来，当人们在月球上定居时，或许月球上的沙子也能作为建筑材料使用。

在沙子中加入酒精和催化剂，并放入密封容器内进行加热和冷却，就可以生产出坚硬固体。酒井副教授已经成功地制造出直径和高度约为 2.5 厘米的坚硬固体。

加热温度约为 240℃，远低于熔化时所需的温度（1 000℃以上）。

当二氧化硅（沙子的主要成分）与酒精反应时，会产生液态硅化合物和水。硅化合物与水反应形成凝胶，成为二氧化硅颗粒之间的黏合剂。

要将该技术投入实际应用，还面临着诸多挑战，包括提高材料强度、降低加热温度和增加坚硬固体尺寸等问题。

目前该材料已达每平方毫米约 8 牛顿的抗压强度。如今正在进行不同方法的研究以进一步提高强度。例如，将凝胶状生成物复原至二氧化硅固体形态时，其黏合度和强度将增加。也有研究在探究如何优化沙子的粒度分布和减少颗粒之间的间隙，以提高其强度。

如果能够将生产过程中所需的加热温度降低，生产难度也会大大降低。据说，在长时间的低温下也能生产出坚硬固体。如果加热温度能够降低到一百多摄氏度，在月球上进行生产将成为现实。月球表面的温度约为 110℃，因此，如果使用收集阳光的装置，可以在不燃烧的状态下进行生产制造。

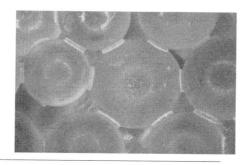

图6-15 颗粒与颗粒之间黏合的样子以主要成分为二氧化硅的玻璃珠为参考案例显微镜下可以观察到粒子间相互黏合的场景

资料来源：东京大学酒井雄也研究室

桑原丰

第 7 章

安全保护

安全IT的安全由IT来保护

正如本书第 3~5 章中所述，计算机和通信网络，即 IT，对社会和商业有着巨大的影响。"水能载舟，亦能覆舟"，IT 的任何问题，也都会对社会和商业产生负面影响。

妥善保护 IT 相关处理数据是重中之重。必须防止数据被盗和传播不正确的数据，这并不是一件容易的事。

有观点认为，IT 的安全应该由 IT 来保护，并由此衍生出信息安全相关服务、软件和思考方式。

本章将分别从"安全操作"和"安全基础设施"两部分进行大致介绍。前者指的是如何安全地使用 IT，后者指的是如何确保 IT 基础设施的安全。IT 基础设施即互联网和可联网的计算机，有观点认为需要捆绑软件以确保基础设施的安全，相关研究正在推进中。

综上所述，主流思维方式是认为所有的设备、网络和软件都存在风险，不可信任，数据只有在被验证为安全之后，才能被交换和处理。实现上述措施需要大量的时间和努力,相关措施也正在推进中。

SDGs——安全的信息交流是伙伴关系的基础

一个社会要想持续发展,安全自然必须得到保障。为了实现SDGs的第17个目标,必须同时考虑安全问题,而安全本身就是目标之一。

虽然IT可以促进17个目标的实现,但信息安全方面的问题,也可能会阻碍这一进程。

信息交流和数据处理的安全性是"重振可持续发展全球伙伴关系"的前提,必须得到保障。

图 7-1　SDGs 目标

资料来源:联合国新闻中心

操作安全 083——废止PPAP(电子邮件附件以ZIP加密方式传送)

不通过电子邮件发送加密的文件和密码

> 技术成熟度　中
> 2030 年期望值　3.0

PPAP 是 "Password 传送加密压缩文档 +Password 发送密码 +Angouka 暗号 +Protocol 规则"的缩写。有人指出，这是一种毫无意义的信息安全措施，应该废止。

以大公司为首的许多企业正在使用云存储来替代邮件的收发附件功能。

此外，对文件进行加密并管理查看和编辑文件的信息权限管理（Information Rights Management，IRM）功能，也是一个强有力的替代方案。

有观点认为 PPAP，即通过电子邮件发送加密附件和密码的意义不大，其原因有许多，其中最主要的是 PPAP 没有采取防止误发送的措施。

如果使用 PPAP 自动化工具，加密附件和密码将在一次操作中同时发送。如果发生了加密附件被发送到错误的邮箱地址的情况，也无法阻止密码同时被发送至该邮箱。

即使附件和密码的发送操作是分离的，发件人也不太可能在发送完加密文件后立即注意到错误，从而停止发送密码。

云存储是取代 PPAP 的安全型文件共享方式。日本 UNISYS 公司已经开始使用 UNIADEX 集团公司提供的 AirTriQ，以及美国 Box 公司提供的 Box 服务。

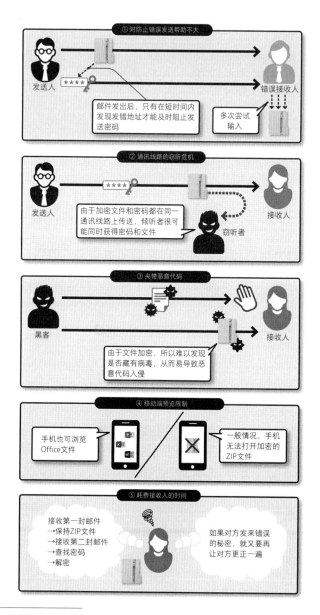

图 7-2　PPAP 的五大问题

资料来源：日经 xTECH

第 7 章　安全保护

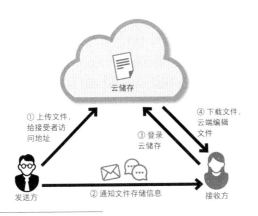

图 7-3　使用云存储共享文件的方法

资料来源：日经 xTECH

NEC 和日本 IBM 也同样不再使用 PPAP 而改为使用 Box。此外，美国微软的 OneDrive、谷歌的 Google Drive 和美国的 Dropbox 也提供云存储服务。

在使用云存储服务时，付费账户在发送文件时，能够使用管理文件访问权限等更多细节功能。

每个用户每月费用为 2 000~3 000 日元。这个费用确实有些昂贵，但是在保障安全的同时，它也能提高生产力。如果发送方和接收方一起使用网络浏览器在云端编辑一个文件，系统将自动保存更改历史。使用者也可以从智能手机上访问文件。即便收件人是免费账户也不妨碍功能的使用。

文件上传和下载过程中的通信是加密的，因此不必担心在传输过程中被窃听。此外，系统还具备恶意软件检测功能。

用户活动相关功能也很有用。例如，Box 可以记录用户对文件

241

的访问历史。当发生了未经授权的访问时，也能追踪到哪些文件被访问过。

然而，公司不得不要求客户准备一个云存储账户，以便进行文件共享。

一些公司将信息权限管理（Information Rights Management，IRM）的技术作为安全文件共享的手段。IRM可对文件进行加密，并可以管理进行查看和编辑的用户权限。由于不与IRM服务器通信就无法解密文件，因此文件通过电子邮件发送后仍能受到保护。

即使文件被下载仍能受IRM的有效保护。如果要打开文件，收件人需要在电脑上安装IRM代理软件。但是如果收件人是客户的话，要求客户安装代理软件是件困难的事。

这个问题同样存在于云存储服务，至今未有完美的解决方案。因此我们有必要重新思考如何共享文件，以达到能够向业内或向政府人员及全体公民共享文件的目的。

大川原拓磨

操作安全 084——数据匿名化技术

> 将可识别特定个人的数据处理成无法识别身份的数据
> 技术成熟度　高
> 2030年期望值　3.4

第 7 章 安全保护

数据匿名化技术是对可识别数据（个人信息）的处理，使个人信息无法被识别。

当公司分析大量的个人数据以掌握一些情况时，将数据匿名化可以减少个人数据被泄露的风险。

匿名化技术的普及或将为数据应用提供巨大动力。在日本，关于匿名化技术评估指标的研究也在进行中。

日本官方发布的平成 29 年（2017 年）版《信息与通信白皮书》显示，对个人数据信息安全"感到非常不安"的受访者（24.7%）比例相对较高，加上"感到稍微不安"（59.4%）的受访者，总体比例超过了 80%。在美国、英国和德国，这一比例约为 60%。换句话说，日本对数据匿名化技术存在很高的潜在需求。

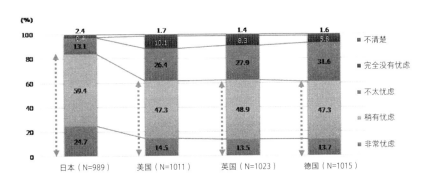

图 7-4 对提供个人数据产生的不安感

资料来源：平成 29 年版《信息与通信白皮书》（日本总务省）

数据匿名化技术在保留数据使用价值的基础上，通过删除、替换或破坏数据的部分内容，使外界难以通过数据识别个人信息。该技术的实现可以放宽对个人数据处理的限制，从而可以将数据提供给第三方或用于其他目的。

在应用数据匿名化技术时，必须要具备评估指标，对其安全性、有效性、处理效率等进行评估。虽然与数据匿名化技术相关的国际标准正在制定中，但评估指标的标准化工作尚未正式开始。日本信息处理协会正研讨数据匿名化技术评估指标，有望对将来的研究以及国际标准的制定作出贡献。

谷岛宣之

操作安全 085——去中心化身份

> 向用户发行 ID（标识符）身份证明需第三方认证
> 技术成熟度　高
> 2030 年期望值　2.7

去中心化身份标识（Decentralized Identifier，DID）是由用户自己利用加密技术发行的可证明本人身份的 ID。

利用这项技术，人们能够管理自己的信息，并只在必要的范围内出示。

目前，通常使用用户使用的特定服务（如电子邮件或社交网络服务）的电子邮件地址或注册信息作为 ID，并且由服务提供商集中管理用户的信息。

第 7 章 安全保护

以大学生为例，学生使用基于公钥加密基础设施的身份生成软件来创建 DID，并将附有数字签名的 DID 文件录入区块链或分布式账本中。

接下来，大学使用数字签名来签发"可验证证书"（Verifiable Credentials，VC），以识别学生，并将其附在学生的 DID 上。

在以学生折扣购买书籍时，学生向书店出示证明，书店核实数字签名，并确认学生身份便能进行购买，无须再向学校进行身份核实。

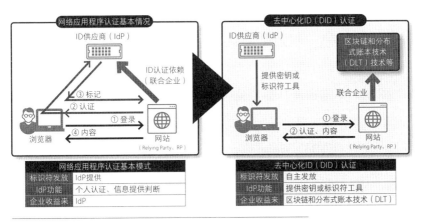

图 7-5　基于 DID 的认证与当前网络应用程序认证之间的差异

资料来源：根据美国微软身份认证标准架构师 Kristina Yasuda 提供的资料，由日经计算机制成

利用这项技术，可以证明一个人已经毕业而不透露他大学的名称，或者证明他住在东京但不透露具体个人地址。

由包括微软在内的 70 多家公司建立的去中心化身份基金会（DIF）和万维网联盟（W3C）正在努力实现规范的标准化，此外，也在尝试使用开放源码软件来实现这些规范。

目前，美国 Facebook 等公司作为身份提供商（IdentityProvider，IdP），拥有一套 ID 合作机制，允许用户用他们的 Facebook 账户登录其他服务（RelyingParty）。然而，IdP 名义上得到了用户的许可，却存在着收集用户访问历史，并将其用于显示广告等情况，还有着未经授权使用和信息泄露的风险。

大豆生田崇志

操作安全 086——无密码认证

> 登录时只需输入 ID，避免密码受到攻击
> 技术成熟度　高
> 2030 年期望值　9.0

有一些认证方法不需要输入固定的密码，以避免密码遭受攻击。移动电话卡的"短信认证"便是典型的例子。

美国微软的 ID 管理服务 Azure Active Directory 提供无密码认证功能。认证通过智能手机认证 App 和 Windows PC 上的生物识别认证功能进行。

密码被广泛用于验证身份，但存在两个主要的问题。

第一，若要提高密码的安全性，其便利性就会降低。如果密码被设置得很简单，暴力攻击就很容易通过尝试所有可能的字符组合来破解密码。但是复杂的密码又难以记忆，不便于使用。

第二，密码很容易被攻击者恶意利用。只要拥有密码和 ID，任何人都可以登录账户。如果用户在多个服务中使用同一个 ID 和密码，那么安全隐患便会大大增加。

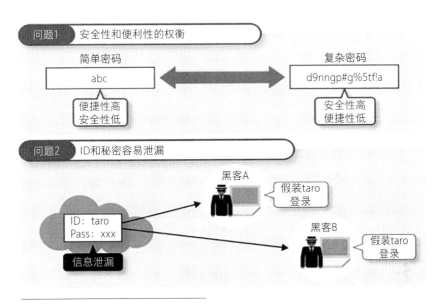

图 7-6　密码认证主要存在的二大问题

资料来源：日经 xTECH

为了解决这些问题，无密码认证应运而生。目前，最常用的方法是"短信认证"。当用户要登录某项服务时，输入要登录的手机号码，便会收到一条短信验证码，再输入该验证码便可进行登录。

例如，当用户要登录雅虎运营的日本雅虎网站时，会收到四位数的验证码，代替密码进行登录，并且每次登录时的验证码都不一样，这就规避了泄露固定密码的风险。

只有注册了电话号码的手机，才能进行短信验证。换句话说，短信认证所调取的信息是手机使用者的信息。

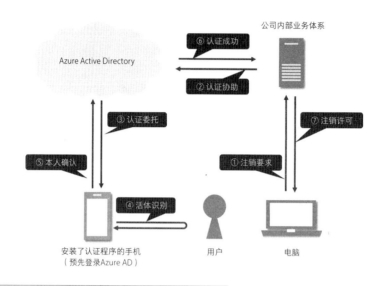

图 7-7　Azure Active Directory 无密码认证的流程

资料来源：日经 xTECH

一些服务供应商正在建议使用短信认证来代替密码。例如，日本雅虎网站会向使用密码认证的用户弹出提示画面，建议用户注销密码，并启用短信认证。用户在日本雅虎网站创建新账户时，可以不设置密码。

美国微软公司已经在其面向企业推出的 ID 服务平台 Azure Active Directory 中，向用户提供无密码认证服务。当用户要登录网络应用程序时，只需输入 ID，无须输入密码。取而代之的是，用户可使用 Microsoft Auth Enticator（微软公司推出的智能手机认证应用程序）、

Windows Hello for Business（Windows PC 可用的生物识别认证功能），以及与 FIDO2 标准兼容的安全密钥进行认证。公司可以将 Azure Active Directory 作为内部应用的通用认证系统，用户可以无密码登录内部应用。

当使用 Auth enticator 时，用户在网络应用程序中输入 ID，他的智能手机上的 Auth enticator 便会弹出登录通知。在 Auth enticator 上点击授权登录，并通过指纹或面部识别进行确认后，用户便能成功登录网络应用。

在 ID 服务平台中，美国的 Okta 是第一个实现无密码认证的平台。微软也开始着手进入无密码认证领域，预计在不久的将来，无密码认证也将在日本普及。

大森敏行，中田敦

安全基础设施 087——EDR（活动监测）

> 对 PC 活动进行大致记录和分析，拦截可疑的通信和活动
> 技术成熟度　高
> 2030 年期望值　3.4

端点检测和响应（Endpoint Detection and Response，EDR）指的是当恶意软件入侵时，实施安全措施的技术和方法。

EDR 具备检测终端是否被攻击的功能，限制疑似受病毒感染的终端

功能和防止损害扩散的遏制功能等。

大型公司每天都面临着针对性攻击的威胁，无法防止所有恶意软件的渗透。因此，不如将被入侵作为前提来采取措施，将损失降到最低。

EDR 已作为信息安全相关软件得以应用，其设计理念是尽早检测到电脑等终端上受恶意软件感染的情况，并在其扩散之前遏制其损害。

例如，竹中工务店公司采用了美国 CrowdStrike 公司的 EDR 产品 CrowdStrike Falcon，并部署于该公司在日本的所有办公室。该系统已安装在约 13 500 台电脑上，配备了自动监测网络攻击的系统。

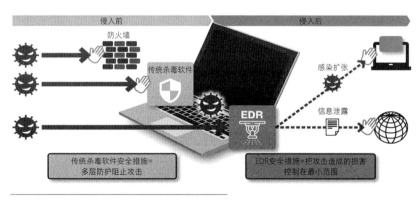

图 7-8　EDR 和传统客户安全措施之间的差异

资料来源：日经 xTECH

在导入 EDR 产品后不久，竹中公司就于 2020 年 1 月遭到了名为 EMOTET 的恶意软件攻击。当时该恶意软件在日本十分猖獗。EMOTET 从受感染的电脑中窃取已收发的电子邮件内容、发件人姓名和电子邮件地址等信息，并将这些信息转用于攻击电子邮件。

竹中公司因为安装了 EDR，所以比现有的反病毒软件早一天发现了攻击，并向其商业伙伴解释了情况，以防止信息泄露和进一步感染。

EDR 之所以能够在现有的杀毒软件之前检测到网络攻击，是因为它详细地记录并分析了电脑活动。EDR 通过检测电脑和外部世界之间的可疑通信来检测网络攻击。该系统能够拦截可疑的通信和活动，调查入侵路线和遭受破坏的程度，并利用这些信息采取应对措施。

图 7-9　EDR 四大功能

资料来源：日经 xTECH

大多数传统的安全软件是根据世界上流通的已知恶意软件的定义文件（签名）来检测和消除恶意软件的。因此，当受到未包括在定义文件中的恶意软件攻击后，公司往往只有在收到报告后，才得知公司所受的影响。

EDR 有四个主要功能：（1）检测疑似终端攻击；（2）限制疑似被感染的终端功能，以防止损害的扩散；（3）整合和分析所有被管理的终端日志；（4）修复被恶意软件改写的文件和删除问题文件。

EDR 软件产品与传统的杀毒软件结合在一起，作为代理软件被嵌入电脑终端中。代理软件不断监测终端内部活动。并且，该软件与监测云服务或监测中心保持联通，为随时到来的网络攻击做好了准备。

自 21 世纪 10 年代开始，正规的 EDR 产品开始不断出现。其中比较领先的是美国 CrowdStrike 和美国 Cybereason 等初创企业。在它们之后，迈克菲和趋势科技等传统杀毒软件老牌公司也相继进入 EDR 市场。美国微软公司也投入研发 EDR 产品，可供客户选择的 EDR 产品越来越丰富。

高槻芳

安全基础设施 088——零信任网络

视所有网络存在风险，检查软件使用
技术成熟度　中
2030 年期望值　5.7

零信任网络指的是将所有网络都视为存在风险，基于"不信任任何东西"的概念来保证信息安全。

在这样的架构下，当用户要使用商业应用和数据时，它们的属性、终端信息，以及访问数据的网络都会受到检测，并根据情况决定用户是否有权使用该数据。

传统上一般默认来自公司内部的访问和内部网络是安全的，并用防火墙等安全设备将网络的内部和外部分开，防止外部入侵内部。

零信任网络的基本理念是保护应用程序或终端设备，而非网络边界。美国谷歌公司将这一理念付诸实施，并于 2017 年在网站上发布论文，公布了细节。

由于零信任网络尚未有正式的定义，本书参照谷歌的研究，总结了以下三个要点。

第一点是除了保护网络之外，应用程序也必须得到保护。即使是公司内部应用程序，也应该取得与网络同等级的保护，其关键是要加强用户认证和应用访问授权。

除 ID 和密码外，还可以使用多种方式进行认证。例如可以使用设备类型、位置、时间和用户行为等基于环境的认证，以便只允许受信任的用户使用应用程序。

这种认证方式被称为身份和访问管理（IAM），美国 Okta 的 Okta Identity Cloud、谷歌的 Cloud Identity 和微软的 Azure Active Directory 等云服务，都具备相关认证功能。

新未来：改变世界的 100 项技术

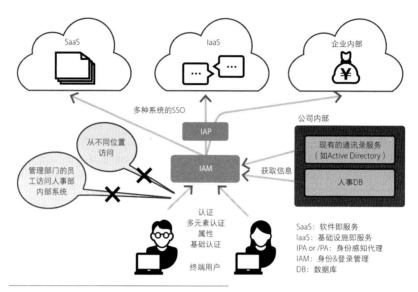

图 7-10　身份和访问管理（IAM）的主要功能

资料来源：日经计算机

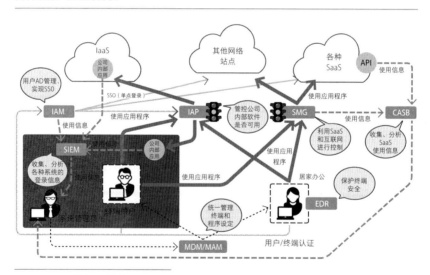

图 7-11　零信任网络的组成部分

资料来源：日经计算机

第二点是设备的防御。通过使用反恶意软件和移动设备管理（MDM）等产品，不仅电脑和智能手机可以受到保护，而且应用程序的可用性也会根据设备的安全状态而受到严格控制。

但上述安全措施仅限于搭载安全芯片的设备，如搭载 TPM 芯片的 WINDOWS 电脑、苹果公司的 IPHONE 系列和谷歌 PIXEL3 及之后的设备。在上述设备上操作商业数据时，安全芯片会进行加密，防止设备丢失或被盗时数据遭到泄露。

第三点是对所有活动进行监测和分析。使用安全信息和事件管理（SIEM）集中管理和分析系统日志，检测网络攻击和其他攻击。

为了实现零信任，除了监测和分析安全设备和业务应用程序的日志外，还有必要监测和分析其他各种日志，包括对域名服务器的查询、客户电脑的安全、代理服务器、流经交换机和路由器的数据帧和数据包等，对所有日志进行全面监测和分析。

为了能够实施零信任，谷歌从 2019 年 2 月开始提供 SIEM 云服务，该服务允许 12 个月内无限制地存储数据。这项服务是按公司雇员数而不是按容量来收费的。

SaaS 等云访问安全代理（Cloud access security broker，CASB）可用于监测和分析公司外部应用程序的使用状况。安全网络网关可监测和控制互联网的使用，通过与其建立链接，SaaS 可以限制网站的使用，并监测上传到 SaaS 的数据内容。

大川原拓磨，高槻芳，中田敦

安全基础设施089——停用第三方COOKIES

> 基于网络搜索历史将广告服务和隐私保护结合起来
> 技术成熟度　高
> **2030年期望值　2.4**

第三方COOKIES被广泛用于互联网广告投放。废除或限制第三方COOKIES的行动已在进行中。

日本于2022年4月启动修订后的《个人信息保护法》，第三方COOKIES的使用将受到该法案的监管。

美国公司谷歌计划停止在其CHROME网络浏览器中获取第三方COOKIES。

今后，广告和营销方式或将迎来转折点。

第三方COOKIES技术能够根据用户的在线行为猜测其兴趣和偏好，并据此向其提供在线广告。虽然该技术已变得十分普及，但是对其滥用用户数据和侵犯用户隐私的担忧在不断增加。

因此，有些公司开始通过限制第三方COOKIES，来保护消费者隐私和纠正过度的定向广告。

采取行动停用第三方COOKIES的主要公司之一是美国谷歌。到2023年前，谷歌的CHROME浏览器将不再获取第三方COOKIES。苹果公司的SAFARI浏览器和MOZILLA基金会的火狐浏览器等的初始设置默认为不获取第三方COOKIES。

第 7 章 安全保护

停用第三方 COOKIES 产生的影响,并不仅限于在线广告行业。第三方 COOKIES 在帮助各行业的公司收集和分析消费者数据进行营销和内容发布方面发挥了重要作用。

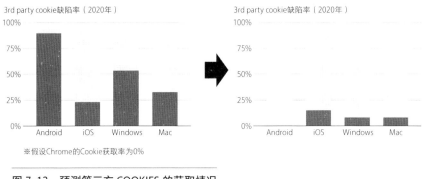

图 7-12　预测第三方 COOKIES 的获取情况

资料来源:INTIMATE MERGER 公司

INTIMATE MERGER 公司是东京 MOTHERS 的上市公司。该公司对 CHROME 浏览器完全停止第三方 COOKIES 的影响进行了测算,显示到 2022 年,第三方 COOKIES 在安卓上的获取率为零,在 WINDOWS 的获取率不到 10%,下降到 2020 年的 1/5。

谷歌计划推广 FLoC(Federated Learning of Cohorts)来替代第三方 COOKIES。FLoC 使用机器学习来分析 Chrome 用户的浏览历史,并根据类似浏览历史将它们分到各个群组(Cohort),并在网站上显示对应的广告。

虽然用户被分配到群组中,但这并不为广告服务方所知,从而可以保护用户的隐私。谷歌在 2021 年 3 月推出的 CHROME 89 版本中开始测试使用 FLoC。

苹果在 2021 年 4 月推出的 iOS 14.5 系统中加入了一项新的隐私管理功能——AppTracking Transparency。用户可以在 iOS 设置中为每个应用设置是否追踪该应用的使用活动。

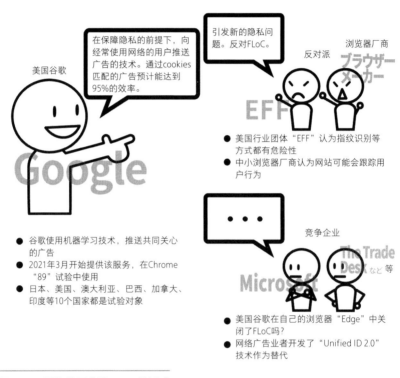

图 7-13　围绕美国谷歌 FLoC 的活动

资料来源：日经 xTECH

据苹果公司称，平均每个应用有六个非开发者提供的跟踪器（用户数据跟踪功能）被嵌入其中。

目前，在替代第三方 COOKIES 技术上存在着激烈的竞争。一些行业协会和竞争公司对谷歌声称 FLoC 可以同时提供隐私保护和高广告服务准确性的说法表示反对。此外，有望出现第三方 COOKIES 的开源替代技术。废弃第三方 COOKIES 开发新技术的竞争将愈来愈烈。

与此同时，日本正在收紧对第三方 COOKIES 的规定。日本《个人信息保护法》修订版预计于 2022 年 4 月生效，日本政府在该法律中加入对 COOKIES 等有关个人相关信息隐私保护的法规。广告商或广告网站运营商必须事先获得用户的同意，才能将可能包含个人信息的 COOKIES 信息提交给在线广告公司。

玉置亮太

安全基础设施 090——机密计算

> 在任何时候都对内存中的数据进行常态化加密以保护数据
> 技术成熟度　中
> 2030 年期望值　5.9

机密计算指的是对应用程序和虚拟机内存中的数据进行常态化加密，保护数据不受其他应用程序影响。

由于加密密钥是由 CPU 创建的，即使用户在物理机上有管理员权限，也无法读取内存中的数据。

这个机制可以用来防止云供应商访问用户的数据。而传统的信息安全是基于对拥有管理员权限的操作者的信任，默认相信操作者不会做恶意的事。

2021年3月,美国微软公司与美国超微半导体公司(Advanced Micro Devices,AMD)合作开发了可保密虚拟机(Confidential Virtual Machine)。

可保密虚拟机利用AMD处理器的功能,对虚拟机的整个内存进行加密。

美国谷歌公司在其公共云中使用了同样的AMD处理器,率先提供了可保密虚拟机。

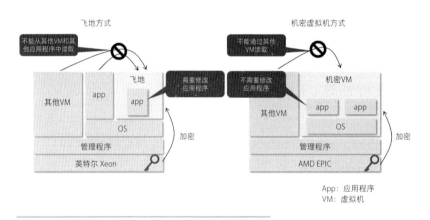

图 7-14 Microsoft Azure 提供的两种类型的机密计算

资料来源:日经 xTECH)

在使用可保密虚拟机时,不需要修改所使用的应用程序。美国微软公司已经通过美国英特尔至强(Xeon)处理器来提供机密计算服务,但需要开发新型应用程序或修改现有的应用程序才能利用这项服务。

中田敦

第 7 章 安全保护

安全基础设施 091——Trusted Web

> 可靠和可持续，日本研究中的互联网未来愿景
> 技术成熟度　中
> 2030 年期望值　2.3

Trusted Web 是日本政府正在研究的网络架构（互联网结构）的未来愿景，其目的是实现自由数据流通。该网络架构的去中心化身份标识等核心技术，将允许个人成为信息管理主体。

《Trusted Web 白皮书 1.0 版》已于 2021 年 3 月发布。政府打算以白皮书内容为基础，与国内外各利益相关方进行讨论、合作和协作。

日本政府在内阁秘书处数字市场竞争总部设立了 Trusted Web 促进委员会，并从 2020 年 10 月开始进行讨论工作。Trusted Web 的重点是建立一个数字基础设施，分别确保数据、服务和通信对象的可信程度。在其白皮书中，该委员会对 Trusted Web 的功能方向描述如下。

Trusted Web 允许用户控制数据访问（证书标识符管理功能），通过第三方审查等验证对对方和数据的信任（可信任的通信功能），达成能够反映双方意愿的动态共识（动态知情同意功能），并可以验证该过程和随后的实施情况（跟踪功能），并通过多方利益相关者的管理支持以上功能。

该委员会将以白皮书为基础，与国内外各利益相关方进行讨论、

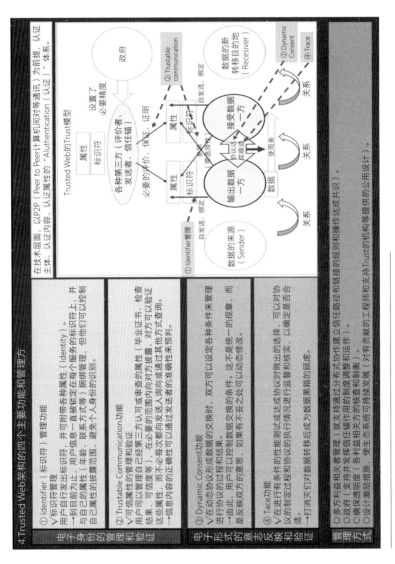

图7-15 构建Trusted Web架构的四个主要功能和管理方式

资料来源：《Trusted Web白皮书1.0版》，内阁秘书处数字市场竞争总部Trusted Web促进委员会

合作和协作，并将与万维网联盟（W3C）等网络相关标准化机构合作，以实现标准化为目标开展工作。

长仓克枝

安全基础设施 092——站点可靠性工程（SRE）

> 美国谷歌公司公开的提高 IT 服务可靠性的操作方法
> 技术成熟度　中
> 2030 年期望值　2.3

站点可靠性工程（Site Reliability Engineering，SRE）是能够提高 IT 服务可靠性的操作方法，并由负责 SRE 的工程师来发挥作用。

SRE 将提供 IT 服务的系统基础设施构成要素视为一个单一软件，通过灵活地改进来确保其可靠性。

美国谷歌公司提出并公开了 SRE 技术，该技术被各种云服务 IT 公司广泛利用。

SRE 可被视为有助于业务的"积极性系统运作"，能够提高用户满意度，继续和扩大服务合同，并增加广告收入。

IT 服务基础包括计算（硬件、云服务）、操作系统（基本软件）、应用开发和执行环境，以及应用组件（容器）。

为了建立 IT 服务基础，有必要为每个组件设置定义信息，但这可能会因手工作业而变得复杂，因此，相关研究尝试通过工具使这一过程自动化。

负责 IT 服务基础的工程师（SRE 负责人）与业务部门及服务开发者协商，确定目标服务水平，并利用工具为开发、测试和生产准备必要的基础设施。

服务启动后，负责 SRE 的工程师会根据客户的使用情况等因素改变配置信息，以确保基础设施的稳定性。

在日本，MERCARI、CYBOZU 和 FREEE 等公司都建立了 SRE 团队。

表7-1　SRE对信息系统运行业务可能带来的变化

鼓励业务技术人员的自我提升
· SRE 通过改善系统基础设施提升了 IT 服务可靠性。
· SRE 需要获得高附加值的技能来实施，这将促使传统业务人员进行自我提升。
促进商业企业系统运作的广泛变革
· SRE 不仅对不断采用尖端技术的新兴 IT 公司有用，也能在其他公司发挥作用。
· 各种自动化配置和基础配置设置为软件的方式，可提高一般公司内部系统的运作效率，特别是采取 DX（数位转型）的公司。
· 如果 SRE 进入传统操作现场，习惯于常规任务的操作人员的作用或将发生巨大变化。

大川原拓磨

第 8 章

交通运输

交通运输——人们再次移动起来

新型冠状病毒肺炎疫情暴发后，人们被迫待在家中，无法四处走动。虽然病毒依旧在外肆虐，但人类始终是需要外出活动的生物。

通过 IT，有可能实现虚拟活动和虚拟旅行。虽然如今已存在这种服务，但人类不可能仅仅满足于活动在计算机空间中。

由于二氧化碳排放的问题，社会很难大力支持使用汽车等形式的交通工具外出旅游，但人们渴望旅行的心情不会消失。

事实上，以自动驾驶技术为首的汽车、无人机等新型物流设备领域的技术，以及与太空相关的研究和开发正在进行中。

SDGs——助力建成"有风险抵御能力的基础设施"

概览 17 项可持续发展目标（SDGs）可发现，交通（移动）主题在这里并不突出。但在交通运输过程中会排放二氧化碳,因此需要对交通方式进行改进。其中,首要任务是确保每个国家和地区的安全和健康生活。

然而,为了完成"有风险抵御能力的基础设施"这一中期目标,有必要发展交通运输。同时,为了"确保采用可持续的消费和生产模式",需要完善供应链,改善和升级物流是完善供应链的必要条件。

图 8-1 SDGs 目录

资料来源:联合国新闻中心

汽车和无人机 093——L3级别自动驾驶技术

本田里程(LEGEND)已经实现L3级别自动驾驶技术,可在高速公路车况拥堵时,在同一车道内进行自动行驶
技术成熟度 中
2030 年期望值 24.4

2021 年 3 月,日本本田开始销售新型轿车里程"LEGEND Hybrid

Ex·Honda SENSINGE lite"（LEGEND），这是世界上第一辆配备 L3 级别自动驾驶功能的量产车，限量 100 台。

L3 级别自动驾驶是为汽车在高速公路车况拥堵时行驶而提供的功能。

一旦自动驾驶开始，驾驶员就不再需要时刻关注车辆周围的情况（eyes off），可以在导航系统屏幕上观看电视节目和视频内容，或者操作导航系统。

在 L3 级别自动驾驶中，如果车辆在自动驾驶期间要求移交驾驶控制权，驾驶员必须接管并驾驶。当本田里程完成了 L3 级别自动驾驶后，需要移交驾驶控制权时，系统会自动中断导航屏幕上的视频，并弹出关于移交驾驶控制权的信息。因此，本田公司建议，如果驾驶者想看视频，最好使用汽车导航屏幕，以免错过信息。

图 8-2　导航屏幕和仪表板上显示的移交驾驶控制权信息

资料来源：本田官方视频截图

由于传达移交驾驶控制权的请求信息极为重要，里程通过视觉、听觉和触觉等各种方式进行交接提示。里程的仪表板、导航屏幕、方向盘上的指示灯、导航屏幕上方和手套箱中的指示灯、都可通过扬声器发出警告音的扬声器，以及安全带等都具备了传递信息的功能。

当里程发出移交驾驶控制权请求时，导航屏幕和仪表板上会显示移交信息，并发出声音进行警告。同时，仪表板上"手握方向盘的图标"中的手部颜色和指示灯的颜色，将从蓝色切换为橙色。如果驾驶员依旧没有应答，仪表板上的手部图标和指示灯的颜色将切换为红色，同时车辆将增强警告声，并自动拉紧安全带从体感上警告驾驶员。

如果驾驶员仍然没有应答，里程将自行减速至停车，同时用危险警告灯和喇叭提醒附近的车辆和行人。如果道路上有路肩时，自动驾驶系统将协助减慢车速，向左侧改变车道（日本为左侧行驶）。在某些情况下，车辆也会在不改变车道的情况下停车。

图 8-3　搭载外部识别传感器

资料来源：本田汽车公司

激活自动驾驶的条件是由本田公司设定的。本田为新款里程设定了以下自动驾驶条件：在高速公路的同一车道上发生交通拥堵情况；车辆能够识别周围车辆和道路；可以确定车辆的位置；车辆的行驶速度在规定的范围内；前后都有车辆；驾驶员处于正确的位置，并系上安全带等。当车辆以 30km/h 或更低的速度行驶时，自动驾驶系统将被激活，并会在 50km/h 或更高的速度下自动终止自动驾驶。

除了 L3 级别自动驾驶功能外，新款里程还配备了 L2 Plus 级高级驾驶辅助系统（ADAS），可在高速公路上实现 HANDS OFF 车道保持和车道变更功能。

HANDS OFF 车道变更功能使用了前车追踪功能（ACC）和车道保持功能（LKA）。当车辆检测到前方有行驶缓慢的车辆时会通知司机，再自动改变车道进行超车后，然后自动返回原来的车道。

图 8-4　通过驾驶员监控摄像头随时关注驾驶员状况

资料来源：本田汽车公司

里程使用 3D 高精确度地图和全球导航卫星系统（Global Navigation Satelite Sysrem，GNSS）来确定车辆的位置和道路状况，并用大量外部识别传感器来检测车辆周围360度的情况。

外部识别传感器包括两个前置摄像头，五个三维激光扫描雷达（LIDAR）和五个毫米波雷达。不同类型的传感器组合弥补了单类传感器的不足。其中，摄像头搭配毫米波雷达构成一套系统，摄像头搭配激光扫描雷达构成另一套系统，每个系统都有自己的子ECU（电子控制单元）以提供冗余性。

此外，通过在车内安装红外摄像头监测驾驶员的状况，确定驾驶员是否准备好接管驾驶权。如果驾驶员的坐姿不正，车辆将怀疑其是否突发疾病而自动发出警报。

富冈恒宪

汽车和无人机094——氢气发动机

> 用氢气代替石油作为燃料的发动机
> 技术成熟度　中
> 2030年期望值　33.8

越来越多的研究投入了氢气发动机领域。日本丰田汽车公司在2021年4月宣布，该公司正致力于开发氢气发动机。

原则上，氢气发动机不排放二氧化碳。由于氢气发动机是在现有发动机的基础上的延伸，它们的生产成本可能比同样使用氢气的燃料电池汽车（FCV）更低。

第 8 章 交通运输

氢气发动机的研究已有一段历史，但是在 2000 年中期便停下了研究的脚步。如今欧洲公司又重新将目光投向氢气能源，加大了研究力度。

随着世界各国朝着碳中和的方向发展，欧洲和中国正在考虑制定新型车辆环境法规，以便在生命周期的基础上评估二氧化碳排放。随着可再生能源成为基础能源，氢气作为用于运输手段（载体）的能源，再次引起人们的关注。

欧洲整车制造商和零部件供应商，正在陆续宣布它们对氢气发动机的研究结果。

图 8-5　日本丰田正在开发的氢气发动机概念图

资料来源：丰田汽车公司

2020 年 4 月，世界上最大的零部件制造商德国博世公司，在动力系统国际会议"第 41 届维也纳汽车研讨会"上发表了一份关于氢气发动机的研究论文。

此外，2015 年年底从德国宝马公司分拆出来的技术咨询公司 KEYOU，在维也纳汽车研讨会及德国汽车技术杂志 *MTZ* 上，展示了新开发的大型商用车用氢气发动机原型（排量7.8L）。根据KEYOU的说法，未来的增压直燃式氢气发动机在单位排量的功率和扭矩方面可以超过柴油机。

氢气发动机的动力系统的价格将比FCV更便宜。用于FCV的氢气至少需要达到99.97%的纯度，这使得它更加昂贵。

氢气发动机高负荷运行时，在燃烧反应过程中会排放更多的氮氧化物，但据说稀薄混合物的稳定燃烧可使氮氧化物的排放量降至几十至100ppm。随着润滑油的少量燃烧，二氧化碳和碳氢化合物以百万分之几的速度排放出来，接近于清洁排放。

日本在氢气发动机的研究和技术积累方面有着悠久的历史。20世纪70年代，当时的日本武藏工业大学（现在的日本东京都市大学）的前校长和名誉教授古浜庄一积极投身研究氢气发动机汽车。古浜为解决氢气发动机特有的过早点火（回火）问题做出了极大努力。当氢气和空气的混合物（具有广泛的可燃范围）与高温部件（如进气阀和排气阀）接触时就会发生回火。

回火和冷却损失是氢气发动机技术上的主要障碍。此外，高压罐储氢也是不小的挑战。

冷却损失大的原因是氢气混合物的层状燃烧速度极高，大约是汽油的7.6倍，同时氢气燃烧火焰以很大的力量冲击燃烧室壁。混合物在壁面层之前燃烧良好，但壁面层上的温度边界层（温度梯度层）很薄，与壁面接触的火焰温度仍然很高，因此大量的燃烧热量逃逸到燃烧室和气缸壁。

如同在柴油机中一样，带有氢气喷射火焰的非预混燃烧，被认为是解决回火和冷却损失的有效手段。氢气在高压下直接注入气缸，无须预混，通过压缩即可自动点燃。

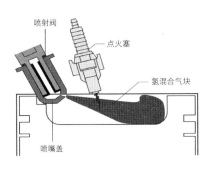

图 8-6　用于大型商业氢气发动机的新型燃烧方法 PCC

资料来源：参考日本产业技术综合研究所的资料，由日经 xTECH 制作

同时，也应该采用注入氢气的同时用点火塞点燃火焰等方式，尽可能防止燃烧火焰冲击燃烧室和汽缸壁。

近期非预混燃烧研究最具代表性的成果之一是 PCC（PlumeIgnition and Combustion Concept）燃烧，这是一种用于大型商业氢气发动机的新型燃烧方法，由日本产业技术综合研究所负主要责任，与川崎重工等公司合作研究开发的技术。该燃烧方式具有高输出功率和高热效率，同时减少了氮氧化物的排放。

注入燃烧室的氢气射流在散开之前，通过点火引发燃烧，以减少火焰对壁面的冲击，进而可以减少冷却损失。

清水直茂

汽车和无人机 095——AppLE CAR

> 美国苹果公司将在 2025 年前后大规模生产电动汽车,或将与 iPhone 进行联动
> 技术成熟度　中
> 2030 年期望值　12.1

美国苹果公司正在探索开发电动汽车"Apple Car",预计将于 2025 年前后进行大规模生产。

苹果公司的智能手机改变了世界,因此人们对它将重新定义汽车寄予了厚望。

此外,汽车行业的商业模式、开发、生产、销售和零部件供应链(SUPPLY CHAIN)或许都将发生重大改变。

韩国现代汽车公司于 2021 年 1 月公开宣布与苹果公司进行合作谈判,尽管该公司在这之后撤回了这一言论,并且苹果公司也没有透露任何信息,但是 Apple Car 依然已经成为一个公开的秘密。

苹果公司在开发硬件方面的实力不容小觑。一辆汽车需要数万零部件组装而成,大多数新进入市场的企业在开发零部件时,都会遇到重重阻碍。希望苹果公司能够成功克服这一障碍,并且在此基础上提供创新价值。

人们对尚未成形的 Apple Car 如此高度关注,足以反映人们对现存汽车的不满。

第 8 章 交通运输

在汽车被发明以来的 100 多年里，相关研究一直在努力提高汽车的安全性，同时减少给环境带来的负荷。虽然一直在致力于降低汽车行业带来的负面影响，但其本质并没有发生变化。

许多专家指出，美国特斯拉的技术突破大大刺激了苹果公司，特别是其上市后增强的无线通信软件更新 OTA（Over The Air）功能。特斯拉的 OTA 类似于智能手机的生态系统，已经取得了阶段性成功。

苹果公司通过销售 iPhone，并将用户在其 App 发行平台 App STORE 上支付的费用中的一部分作为佣金，从而提高收入。因此可以合理推断，苹果公司也会允许通过 OTA 从 App STORE 获取应用程序。

图 8-7　横向分工或将在汽车行业中实施

资料来源：日本经济新闻社

图8-8　由宝马汽车公司与苹果公司合作开发的数字钥匙

资料来源：宝马汽车公司

预计苹果公司将在2025年前后进入汽车市场，这段时间可能是汽车行业的转折期。目前，大多数公司都在电动汽车（EV）上亏损，而2025年前后电动汽车可能会加速普及，并且会像发动机驱动的汽车一样有利可图。

AppLE CAR的推出将带来基于AppLE CAR的商业模式，并可能加速电动汽车行业一直所设想的横向分工的实现。苹果公司负责手机等产品的设计，而将生产外包给中国台湾的鸿海精密工业等公司，以增加利润。

预计电动汽车的外包生产数量会增加。尽管短期内，电动汽车市场规模不会很大，但严格的环境法规将保证电动汽车有一定的市场。一些汽车制造商可能考虑将生产外包，作为加快回笼资金的一种方式。

从中长期来看，鸿海等支撑电机行业发展的委托生产企业将发展壮大。鸿海公司已宣布，计划于2021年3月在北美建立电动汽车工厂。

AppLE CAR可以通过iPhone和汽车之间轻松建立互联。苹果公司已经在研究将iPhone和AppLE WATCH腕表设备与汽车进行连接。例如，车主把iPhone放在包里走动时，可以通过数字钥匙"CAR KEY"自动解锁车门。当车主上车时，汽车和车载信息系统"CAR PLAY"会自然启动。同时，耳机内播放的AppLE MUSIC将自动在车内进行播放。

汽车和iPhone等设备之间能够实现自然联动的关键技术之一是超宽带（UWB）技术。苹果是从2019年上市的iPhone 11机型开始利用UWB技术的。利用该技术，可以准确测量汽车和手机之间的距离，从而实现手机在包里时也能自动解锁车辆的功能。

也有观点认为，苹果公司独自研发的处理器（System on Chip，SoC）对汽车开发大有裨益。苹果公司设计的SoC具有改进计算性能和降低功耗的功能，如果应用于电动汽车，或将延长车辆行驶里程。

然而，有人指出，苹果汽车的自动驾驶功能与美国WAYMO公司的自动驾驶功能有很大区别，后者是一家在L4级别无人驾驶领域处于领先地位的公司。该公司最初的设想是将L4级别无人驾驶技术应用于汽车送货服务等企业业务，因此和苹果品牌的研究方向并不是太一致。

清水直茂，久米秀尚，冈田江美

汽车和无人机 096——放松无人机管制

> 从 2022 年起，允许无人机在有人通行的地方自主飞行
> 技术成熟度 中
> 2030 年期望值 15.6

日本国土交通省允许无人机在符合一定条件的情况下，可在有人区域自主飞行，这在以前是不被允许的。同时，受管制的无人机类型也随之增多，无人机所有者附有注册登记的义务。

随着无人机的使用越来越普及，日本国土交通省对增强大型无人机飞行便利性的愿望作出回应，同意在一定条件下飞越视距外，并要求操纵者获取无人机驾驶执照以防止坠机事故的发生。

根据日本国会在 2020 年 6 月通过的修订版《航空法》，各制度的修订计划在 2020 年 6 月前生效。

根据日本国土交通省的数据，在 2020 年，基于《航空法》的无人机飞行许可和批准数量每月超过 4 000 件，是 2015 年无人机法规开始时的 4 倍。无人机的应用在建筑业也越来越普及，用于航拍、检查和测量已建成的建筑。此外，由于坠机事故数量不断攀升，日本国土交通省重新修订了制度，以降低事故的发生。

大型无人机自主飞行运输货物虽然风险较高，但是十分便利，因此日本国土交通省还将为其建立新型许可框架。

修订后的《航空法》新增了无人机认证制度和无人机驾驶执照

制度，只有具备条件的人（4级）才能获准在有人区进行无监督的自主飞行。

此外，根据修正案，重量小于 100 克的无人机将免予监管，而重量超过 100 克的无人机将受到监管，且必须进行注册登记。坠毁率高或有其他问题的无人机机种将不予注册，并将查明其所有者。信息将以机场设施管理人员和警方的查询为准。此前，重量小于 200 克的无人机不受该法规的约束。

无人机飞行状态	操纵		自动、自律
	视野内（包括助手）		视野外
无人地带（荒岛和山间）	1级 视野内飞行操纵 航拍、侦测	2级 视野内飞行 （自动、自律飞行） 播撒农药、土木测量等	※验证试验阶段 3级 在人们视野外的无人地带飞
有人地带			※现行法律禁止 4级 经过第三方上空运送货物

图 8-9　新增许可证制度允许在满足一定条件下颁发高度便利的 4 级飞行许可证

资料来源：日本国土交通省）

无人机的注册登记在网上进行，由所有者登记本人及其无人机的信息。机主将把签发的登记信息和其他数据写入芯片，并将其附在无人机上。

桑原丰，池谷和浩

宇宙 097——空间数据中心

> 使用有计算机功能的卫星在太空中处理空间数据
> 技术成熟度　低
> 2030 年期望值　23.4

通过空间卫星上搭载的计算机,在外太空处理太空数据,仿佛在太空中建造了一个数据中心。

2021 年 5 月,NTT 宣布将与完美天空 JSAT 控股公司合作,共同运营太空综合计算网络业务,包括建立空间数据中心。

根据 NTT 的计划,空间数据中心将不是一个单一的卫星,而是由几十个到几百颗低轨道上的卫星组合而成。这些卫星能够相互通信,单颗卫星的计算能力有限,但几十或几百颗卫星的分布式处理可以提供合理数量的计算能力。

通过从几十到几百颗卫星中选择离地面站最近的卫星,可在瞬间完成计算结果的传输。

NTT 对空间数据中心的最初应用是快速获取地球观测卫星的数据。观察到的原始数据将不会直接发送到地面站,而是在太空中进行处理,只有结果才会被发送到地面站。

近年来,利用在低轨道上运行的地球观测卫星(距地面 1 000 千米内)的数据进行业务的范围一直在扩大。

例如,NTT 也在利用地球观测卫星拍摄的图像数据,帮助加快

第8章 交通运输

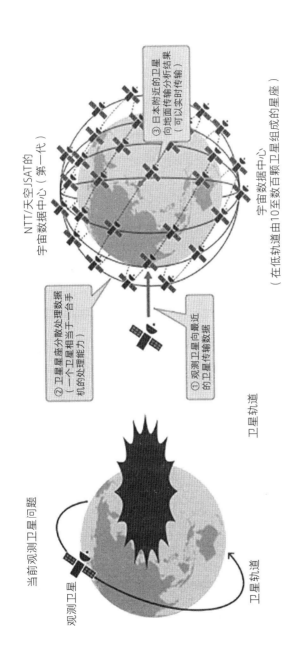

图8-10 通过空间数据中心可立即获取地球观测卫星数据

资料来源：向NTT取材后由日经xTECH制成

救灾进程。然而，目前地面站需要一到两天的时间来获取数据。

除了灾害管理之外，NTT 认为地球观测卫星的应用可以扩展到农业、金融和安全等领域。

NTT 计划分阶段发展其空间数据中心。

第一代卫星将于 2025 年发射进入太空，预计将于 2026 年开始提供服务。在这个阶段，每颗卫星的计算能力约等于一部智能手机。需要发射的卫星数量和大小将根据使用场景以及预期所需的计算能力来确定。

图 8-11　NTT 的空间数据中心项目

资料来源：向 NTT 取材后由日经 xTECH 制成

2028 年前后将使用第二代光电融合装置产品，这是 NTT 正在研究的信息和通信基础设施 IOWN（Innovative Optical and Wireless Network）概念的一项基本技术，用来减少电力消耗。在太空中无法使用风冷或水冷进行降温处理，因此有必要通过降低处理过程的功率消耗来减少产生的热量。

第二代和第三代空间数据中心还将考虑使用光通信技术，以提供每秒数千兆位的通信能力。

除了空间数据中心，NTT 还将与完美天空 JSAT 控股公司合作，开展空间传感和空间无线电接入网（Radio Access Network，RAN）工作。

空间传感利用了现有的和新型的观测卫星，以及地面 IoT 终端，并使用 NTT 开发的低地球轨道卫星的多输入多输出（Multiple-Input Multiple-Output，MIMO）技术，收集来自地面 IoT 终端的数据。

空间无线电接入网（RAN）利用低轨道或地球静止轨道的卫星和高空平台电台（High Altitude Platform Station，HAPS）提供通信服务。它将与地面基站相连，提供高度可靠的抗灾信息服务，以及非常广泛的地区通信。空间传感和空间 RAN 预计将分别在 2026 年和 2028 年前后开始提供服务。

对太空业务的投资金额将在今后的可行性研究中确定。NTT 认为该项目不需要发射几千或几万颗卫星，因此预计所需金额将在数百亿日元左右。

堀越功，中道理

宇宙 098——H3 运载火箭

发射周期约为 1 年，价格约为 50 亿日元，均为传统火箭价格的一半
技术成熟度　中
2030 年期望值　8.6

全世界对卫星通信和地球观测等空间相关业务都抱有极大期待。

H3 运载火箭将是日本航天工业的未来，承担下一代主力火箭的重大责任，预计将于 2021 年首次进行发射。

H3 以高可靠性和低成本为卖点，目标是成为彻底的一次性运载火箭。它将与美国的"回收再利用型火箭"进行竞争。

H3 运载火箭是日本宇宙航空研究开发机构（JAXA）和三菱重工等共同开发的一次性液体燃料运载火箭。全长约 63 米。核心火箭的直径约为 5.2 米。与目前的 H-II A/B 运载火箭相比，它拥有大型卫星整流罩来容纳机身和有效载荷。

H3 的定位是成为具有国际竞争力的运载火箭，其理念是打造低成本、高可靠性和灵活性的运载火箭。虽然该火箭体型较 H-II A/B 运载火箭更大，但从订货到发射仅需约 1 年时间，与 H-II A/B 的约需要 2 年时间相比减少了一半。发射价格也将降至 H-II A/B 火箭的一半，约为 50 亿日元。其目的是通过降低价格和缩短发射所需时间，来增加需求并提高发射频率。

H3 原定于 2020 年进行发射，但由于新开发的发动机燃烧试验出现问题，而被推迟到于 2021 年间发射。

在成功发射后，JAXA 计划将每年发射 6 次运载火箭。

在日本之外的有些国家，旨在通过使用"回收和再利用"类型的火箭，来大幅降低发射成本。被视为 H3 最大竞争对手的 SpaceX 公司，已经成功发射并回收了可回收再利用型火箭猎鹰 9 号。

松浦晋也，高市清治

第 8 章 交通运输

图 8-12　H3 运载火箭外观

资料来源：JAXA

宇宙 099——回收型火箭

> 日本正在开发可回收和可重新发射的火箭，并取得相关进展
> 技术成熟度　中
> 2030 年期望值　23.5

随着美国公司 SpaceX 成功回收猎鹰 9 号火箭第一节，欧盟和日本再也无法继续静观其变了。

日本和欧盟正在合作开发实验性火箭"CALLISTO"用于进行回收

火箭第一节的实验。除此之外，欧盟还计划回收和重新使用此前开发的新型火箭阿丽亚娜 6 号的第一节。

此外，日本还在开发实验型再回收火箭 RV-X，这是实现可回收再利用火箭的第一阶段实验。日本和欧盟的合作项目 CALLISTO 火箭，则被定位为实验的第二阶段。

火箭回收技术是长达近四分之一世纪研究的成果，而 RV-X 则是利用该技术的成品。在 20 世纪 90 年代中期，日本文部省和宇航科学研究所（现在的日本宇宙航空研究开发机构：JAXA）开始研究垂直起降火箭，并在 1998 年开始使用实验火箭 RVT 进行飞行测试。

之后研究将转向开发易维护型火箭发动机。其耐用性足以飞行约 100 次，有足够的反应时间进行推力控制，并能在 4 小时内重新飞行。这一目标已在 2015 年实现，下一个阶段则将利用 RV-X 进行实验。

RV-X 火箭的直径为 1.8 米，长 7 米，总重量为 2.9 吨，将在实验飞行中使用新型发动机，并研究垂直起降全系统技术，以及可重复飞行的操作技能和技术。

JAXA 将通过 RV-X 和 CALLISTO 火箭，继续研究和开发火箭第一节再利用的关键技术，包括制导控制、发动机寿命延长、着陆点天气观测在内的着陆操作等。然而，即使以最快的速度进行研发，日本和欧盟的主要运载火箭也要到 2030 年前后，才具备第一节再利用能力。

松浦晋也

第 8 章 交通运输

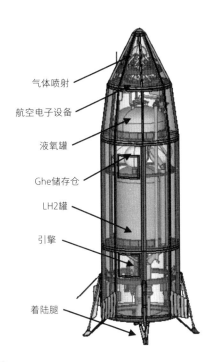

图 8-13 RV-X 简介

资料来源：日本宇宙政策委员会

宇宙 100——合成孔径雷达（SAR）

从卫星上发射无线电波，通过电波反射观测地面

技术成熟度　中

2030 年期望值　3.4

合成孔径雷达（Synthetic Aperture Radar，SAR）从卫星发射无线电

波，利用反射来观测地面。

使用合成孔径雷达，无须派人到现场即可探测地面设备的变化和异常，提高了业务的效率。

合成孔径雷达是一种使用雷达观测地表的系统。通过使用卫星，能够在短时间内观测大面积区域，并且能够实现24小时不间断观测，甚至在地表没有光线的深夜、云层笼罩的恶劣天气等条件下也能够进行地表观测。

该系统不分昼夜地从卫星上发射无线电波，再通过地球表面反射的电波进行观测。无线电波能穿透云层，不受天气条件的影响。而光学卫星所观察的可见光和红外线的反射，则有时间段和天气的限制。

从事SAR卫星业务的QPS研究所为了更好地利用观测数据，正在考虑与日本九州电力公司开展联合合作项目。

日本九州电力公司将首先使用SAR卫星观测数据来提高设施维护管理的效率。如果利用观察数据能在一定程度上发现设施的变化和异常，就无须派人到现场，从而大大提高业务效率，同时检查所需的时间也将缩短。

该系统在灾害应对方面的应用也值得期待。在发生灾害时，可以利用SAR卫星数据在十几个小时内检查日本整个九州地区的设施受损情况，从而制订快速恢复计划。即使发生台风或大地震这样的灾难，导致道路被封锁，卫星观测也能正常进行。此外，九州电力也在考虑在该集团的城市发展和城镇规划项目中使用SAR卫星数据。